甲州怪談

神沼三平太

竹書房
怪談
文庫

※本書に登場する人物名は、様々な事情を考慮してすべて仮名にしてあります。一部の地名は正式名称ではなく、通称を用いている箇所もあります。また、作中に登場する体験者の記憶と体験当時の世相を鑑み、極力当時の様相を再現するよう心がけています。現代においては若干耳慣れない言葉・表記が登場する場合がありますが、これらは差別・侮蔑を意図する考えに基づくものではありません。

イントロダクション

本書『甲州怪談』は、長く歴史ある甲州という地で起きた怪異体験をテーマとした怪談本である。現在山梨県在住の方から聞き取った怪異体験だけではなく、山梨県に観光で立ち寄った末に体験した怪異（いわば異邦人による甲州での怪異体験）をも含めてお送りする。無論、山梨県には数多くの心霊スポットや名勝旧跡が存在するが、あえてそこには拘《こだ》らず、大きく七つに地域を分けて紹介することにした。

観光客で賑わう山中湖周辺からスタートし、富士五湖――青木ヶ原樹海へと歩を進め、甲府盆地で体験された怪異を紹介し、身延山《みのぶさん》や西側に聳《そび》える山々での怪異を辿り、更に北上して清里高原、引き続いて甲府盆地の北に広がる山々、最後に甲府盆地から東側の地域と、ぐるりと一周時計回りに巡るという構成になっている。

場所によっては、実際に訪れることもできるだろう。しかしその際には地元の方々にくれぐれも御迷惑を掛けないようにお願いしたい。

それでは甲州の恐ろしさを全身で楽しんでいただければ幸いだ。

著者

山梨県
0
20km
1:166,800
北杜市
山梨市
丹波山村
小菅村
韮崎市
甲斐市
甲府市
甲州市
上野原市
大月市
昭和町
南アルプス市
笛吹市
中央市
富士川町
都留市
西桂町
市川三郷町
道志村
富士河口湖町
忍野村
早川町
鳴沢村
山中湖村
身延町
富士吉田市
南部町
①道志川
②山中湖
③忍野八海
④鳴沢氷穴
⑤青木ヶ原樹海
⑥富士急ハイランド
⑦双葉サービスエリア
⑧昇仙峡
⑨石和温泉
⑩身延山久遠寺
⑪飯富八幡神社
⑫八木沢のオハツキイチョウ
⑬夜叉神峠
⑭七面山
⑮鹿鳴峡大橋
⑯清里高原
⑰大菩薩峠
⑱花魁淵
⑲旧笹子トンネル
⑳佐伯橋

目次

第一章　山中湖周辺の話

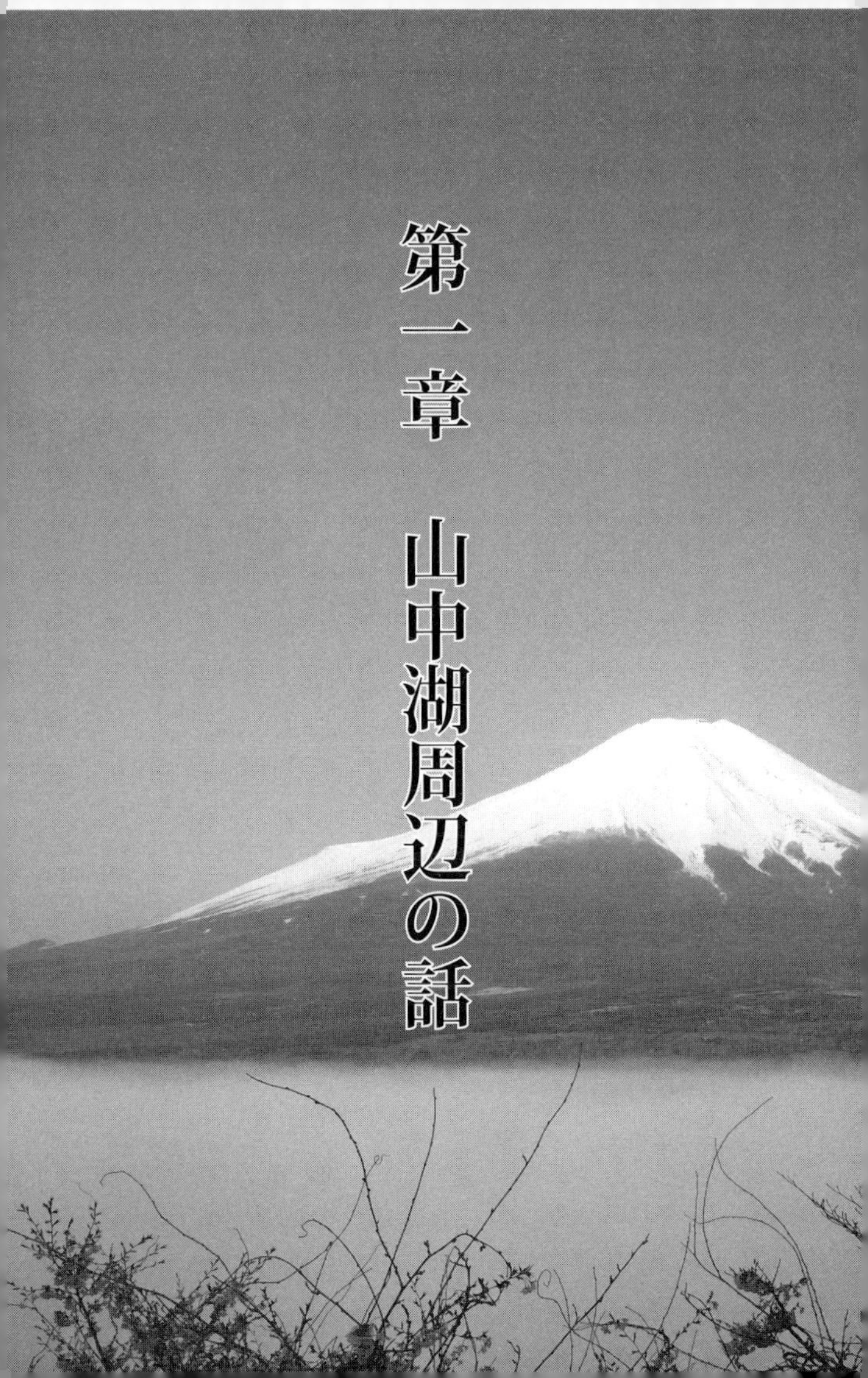

道志川《どうし》

　夏休みに近所に住む親戚一同で道志川沿いにあるキャンプ場へ出かけた。しかしその日の気温は、川に入って遊ぶには少々低すぎた。

　水着で川遊びするつもりだった由実、健二、勝也の三人の子供達は、残念で仕方ないという顔をした。しかし水温も低いため、風邪を引いてしまうのも損だろうと親達は嗜《たしな》めた。そうは言われても、どうしても水に入りたい。せめて足だけでもと三人が懇願し始めたので、親達も根負けした。どうせ冷たいと言ってすぐに上がってくるだろうと高を括っていたのだろう。

　だが、子供達は川に入ると、湯が湧いて出ている場所を見つけた。周囲が温水プール程度に温かくなっている。湧き出している石の間は熱く、素足では踏めない程だった。ここなら思いっ切り水に入って泳げる。三人ははしゃぎ始めた。

　不思議なことに、時間でお湯が出る出ないが決まっているようだった。

　お湯が出るのは午前中と、午後三時くらいから暗くなるまでだった。所謂《いわゆる》間欠泉というものだろう。

夕方に、お風呂代わりだね、などと言いながら川に浸かっていたのだが、他のキャンプに来た家族からはギョッとするような目で見られた。

しかし、お湯が出ていると報告しても、由実の祖母は断固として川に近寄らなかった。

伯父はしきりに温かくなる場所を以前見たことがあると何度も呟いていた。


三人は夕食のバーベキューまで、のんびり川に浸かっていたが、夕暮れが迫り、周囲が暗闇に包まれていく様に、次第に怖くなってきた。人工的に整備されているプールではない。周囲には深い森が広がっているのだ。

しかし三人は意地を張り合い、怖くない怖くないと互いに言い合っていた。

そのとき、由実の視界に白いものが入った。川の上流から下流へと流れていく。何だかぶよぶよとしていて、薄っぺらで生っ白《ちろ》くて長いもの。畳一畳分くらいの大きさがある。

ただ正体がよく分からない。

川の中央部は、流れが急なはずなのに、ゆっくりゆっくり漂っていく。

水の流れとは明らかに速度が違う。

それが三人の横を流れていく。

ゾクリとしたのは、それがひらべったい人型だと気付いたからだ。

ただ、気持ち悪いとは思ったが、こちらに対する害意もなさそうだ。それだけなら特に気にすることもないか——。

由美がそんなことを考えていると、健二が急に立ち上がった。

「バンガローに戻ろう！」

いつもならそんなことを口にすれば、意気地なしなどと揶揄《やゆ》する健二が、真っ青な顔でバンガローへと走りだしていた。一方で、残された由実と勝也は、健二を無視して、流れていく白い人型のものを追うことにした。

岸辺は大粒の石で走るのには向いていない。追いついて再度確認するには、川の中を移動するほうがいい。

泳ぎに自信のある由実と勝也は、静かに水の中を追いかける。

「勝也君、駄目」

暫く追っていたが、由美が泳ぐのをやめて、勝也の手を掴んだ。

「あれが何だか知りたいじゃん」

「流れが速くなるし、水も冷たくなるから、こっから先は駄目だって」

「気になるじゃん」

白いものはゆっくりと先を流れていく。

「何してるんだ、危ないぞ」

他のグループの男性が川の中にいる由実と勝也に声を掛けた。

大学生だろうか。四人の若い男女が川岸に立っている。見ればテントサイトには他にも五、六人ほどの姿が見えた。

親切にも、子供だけで遊んでいたのを気に掛けてくれていたのだろう。

「あれが気になって追っかけてたんです」

指差すと、首を傾げられた。

「何？」

「あの白いのです」

まだ視界には白い人型が漂っている。ただ、男性には見えていないようだった。

「ひっ」

代わりに小さな悲鳴を上げたのは隣の女性だった。

「あれ、何？」

「おい？　どうした」

そのとき、白い人型を追いかけるようにして、フラフラと一人の男性が川の中心部へと歩みだしていた。何かに魅入られたような、ぼうっとした目つきをしている。

その直後、川底の石で滑ったのか、体勢を崩して水中に引き摺り込まれたように姿が見えなくなった。

「ヤバいヤバい！」

仲間達が助けに川へ踏み出して、転んだ男性を追いかけていく。

バチャバチャと水飛沫を上げながら走る音。

「お前何やってんだよ！　こんな浅瀬で溺れる訳ないだろ！」

溺れた男性のところまでは踝《くるぶし》くらいの水深で、深くても脛《すね》ほどまでしかないはずだ。流されるなんてあり得ない。

テントの側にいた大学生の仲間達も、状況に気が付いたのか、上がれ上がれと慌てたように叫び声を上げる。

それに気付いた由美達の家族も走り寄ってきた。

「すみません。うちの子らが何かご迷惑をお掛けしましたか？」

大学生達が起きたことを話す。

親達からはお前らのせいだと拳骨を貰って、子供達はしょんぼりする。

「やっぱ、ここアレだから？」

「しっ。子供がいんだよ？　やめなさいってば！」

大学生達が囁《ささや》く。

一体ここに何があるというのだろう。

そこにやってきた祖母がお菓子と飲み物を大学生達に渡して礼を言った。

その夜は、救急車が来たりと色々と慌ただしかった。

翌朝、大学生達はもう全員キャンプ場を撤収していた。

「ああ、やっぱりね」

大人は皆、何かを知っているようだったが、子供達には何も教えてくれなかった。それがとても気持ちが悪かったという。

白霧

「まだカーナビが一般的ではなかった頃の話なんですけどね。同世代の女三人で山中湖まで深夜のドライブに出かけたんです」

佳奈さんは当時のことを懐かしむように語り始めた。

その夜の目的は、真琴が会社で聞いた山中湖での怪談を確認しにいくというものだった。彼女と友人の由美子は共に心霊スポットマニアで――要は肝試しがしたかったのだ。

「でも――ここって、山中湖の何処らへん？」

ハンドルを握る真琴は、辿り着いた場所には残念ながら自信がないのだと打ち明けた。するると遊歩道に案内図を見つけたと助手席の由美子が言い出した。今すぐ停めてとの言葉に、真琴はブレーキを踏んだ。

「それじゃ由美子、とりあえずここが何処らへんなのか、地図持って見てきてよ。でも一人で大丈夫？」

周囲は茂みだらけで街灯もない。

女一人では不安だろう。そう声を掛けたが、鼻で笑われた。

由美子には、怖い物がない。そういうタイプの人間なのだ。

「あんた達は目が悪いんだし、暗くてよく見えないでしょ？」

軽い足取りでガードレールと足下の茂みを乗り越え、由美子は案内板と手に持った地図とを照らし合わせる。

「あのさ、変なこと言うようだけど、ここ本当に山中湖？」

「何だよ佳奈。山中湖って標識があっただろ」

真琴がハンドルを叩く。

「だってあそこに人立ってない？　それだと湖はまだ先じゃない？」

湖面があるはずの場所に、人の形をした白い影がぼんやりと浮かんでいた。湖面だとするならボートか何かの上に立っている必要がある。

湖面に直接立っているなら、あれはこの世のものではない――寧《むし》ろこの世の者であったとしたら、それはそれで剣呑《けんのん》なものだろう。

窓を開けて真琴が早く戻れと叫んだ。由美子は不満げだったが、ただならぬ様子に渋々戻ってきた。由美子がドアを閉めた途端に、真琴は車を急発進させた。

「どうしたのよ。まだちゃんと分かってないわよ」

「明かり。街灯もなかったのに、ずっと由美子の姿が見えてた」

「車のヘッドライトで照らしてくれてたんじゃないの？」

「横付けにしてるのに、どうやって照らせるんだ」

佳奈は由美子の姿が、まるでライトを向けられているように、はっきりと見えていたのを思い出した。

「それに、あたしは佳奈より目が良いからね。白い服の女がこっちを睨み付けながら、湖面に立ってたんだ」

「それならそうと早く言ってよ！」

由美子が怒声を上げた。

「せっかくの怪異体験じゃない。あの場でちゃんと確かめたかったのに！」

彼女はとにかく幽霊が見たい人間で、しかし一度も見たことがない。だからその気持ちは分からないでもないが、危険を感じないのだろうか。

「ともかく次は佳奈が行けよ。由美子は駄目。危ないことするから」

遠目でも幽霊らしきものを見てしまい、嫌な気持ちでいる佳奈に対して、真琴はきっぱりと言った。

「そういえば真琴、怪談って具体的にどんなのなのよ？」

「由美子も聞いてたろ。戸村先輩の話だよ」

「それって山中湖に夜中遊びに行ったたって話でしょ？　怪談なんてしてないじゃない」

由美子と真琴は同じ職場だ。仲が良いのでいつも一緒にいる。

「そのときに怖い体験したって言ってただろ。戸村先輩が」

「言ってないわよ」

話が食い違って、少し険悪な空気が漂う。困った佳奈は、とりあえず怪談方面へと話を振った。

「その怪談ってどんなのだったの？」

「山中湖を夜中フラフラしていたら、女が岸壁？　に現れて、手を振っていたって話。溺れた子かもと近付いたら掴まれて、逃げようとしても力が強くて、やっと男三人掛かりで引っ張って逃げたって」

そんなに危ない怪談を聞いて、現場に来る気になったのか。佳奈は呆れた。

真琴が話を続ける。

「逃げた戸村先輩が振り返ったら、コンクリートの上で、恨めしそうに先輩達を睨む女の顔と腕があったんだとさ。そりゃ確かめたくなるじゃん。でもほんとに聞いてなかったのかよ？」

「聞いてなかったよ。山中湖に来た話はしてくれたけど、あのときそんな怖い話は出なかったわよ」

食い違う会話を聞いていると、何かぞわりとするものがあった。

佳奈は湖のほうを眺める。やはり真っ暗だ。白い人影など浮いていない。

見間違いなら良いのに――。


少し車で進むと、コンクリートの防波堤のようなものがあった。

「ここ、だと思う」

真琴は先ほどよりもさらに自信なさげだ。自分しか話を聞いていなかったことに思うところがあるらしい。

由美子は一本しかない懐中電灯で周囲を照らす。

「湖の中でも覗けば良いのかしら？　それとも手が伸びてくるのを待たなきゃ駄目なのかしら」

由美子は、懐中電灯をベンチに向ける。

「二人ともあそこで休んでて。私は自販機で飲み物買ってくるから。あと懐中電灯は私が持ったままでいいわね」

先ほど怖い思いをした二人を暗闇に残して由美子は自動販売機へと向かってしまった。

呆れ顔で由美子の背中を見ながら、二人は同時に気付いた。

「車、できるだけ近付けるから、由美子を頼む！」

真琴が走りだした。佳奈も由美子を追って暗闇の中を駆けていく。

光源は何処にもない。しかし由美子の背中が間接照明にでも照らされているかのように、ぼんやりと見えている。そして周囲には彼女の言った自動販売機など存在しない。由美子が歩いていく先には真っ黒な水を湛える湖畔があるばかりだ。

湖から沸き立った白い霧のほうに、由美子が近付いていく。まるで手招きをされているようにも見えた。

「由美子！」

佳奈が肩を掴むが反応がない。前に回り込むと、虚ろな顔で湖畔へと視線を向けている。

――これはまずい。

真琴を待っている時間はない、佳奈は由美子を肩に担ぐようにして車まで走った。かつんっと懐中電灯の落ちる音、びちゃりという濡れた音が聞こえてきたが、無視して走った。

何故か足元はよく見えた。

「由美子！」

「車出して！」

後部座席へ由美子を放り込み、一緒に後部座席に乗り込んだ佳奈は、背後から追いかけてくるドブ川のような臭いを振り切るようにして、勢いよくドアを閉めた。

真琴がアクセルを踏んで、車が急発進した。

「何だよあれ！」

「幽霊なんじゃないの？　由美子、由美子！」

明るく、落ち着けるような場所が見当たらず、一時間ほど車を走らせたところで、やっと由美子の目が覚めた。

「あれ？　ここ何処。それに、スッゴい塩辛いんだけど！」

「コンビニの駐車場。あと塩辛いのは今さっきあんたの頭から塩掛けたからだよ」

粗塩を買ってきた真琴が、由美子の頭から塩の袋を丸ごと振りかけて、やっと彼女は目を覚ましたのだ。

「何それ。どういうこと!?」

起こったことを話すと、由美子は次第に腹を立て始めた。

「何で二人だけ幽霊見てるのよ！　私も見たいのよ！　それに高い懐中電灯落としちゃったし。今すぐに山中湖に戻って！」

これは招かれているのだろう。だから戻ったら駄目だ。分かっていて危険に足を踏み入れるバカがどこにいる。

真琴と佳奈は必死に由美子を説き伏せ、帰路に就いた。


それから数カ月後、執拗に山中湖に行きたいと言い続けた由美子は、とうとう他の友人達を誘って、山中湖へと向かった。その際にも彼女は様子がおかしくなり、皆で引き止めたらしい。それを聞かされて、やっと由美子は山中湖へ行くのを諦めた。

由美子のことを話す真琴は、何だか楽しそうだった。

「戸村先輩に確認したらさ、山中湖に行ったのどうして知ってるんだって驚かれたよ。招かれてんのは自分だと思ったけど……違ったみたいだ」

真琴はそう言いながらも心霊スポットへ行くのはやめないと笑っていた。勿論《もちろん》由美子も一緒だという。

由美子にちゃんとした幽霊を見せるまでは通うつもりらしい。

22

水辺紋

奈江さんは、仲間達との日帰りドライブで頻繁に山中湖に通っていた。

その頻度はなかなかなもので、何も言わなくても、いつものメニューが出てくるような馴染みの店ができるほどだった。

その日はイガちゃんこと五十嵐君の運転する車で出かけた。助手席にはシミケンこと清水君、後部座席には奈江と智子の女性二人が乗り込んだ。更に内山君こと通称うっちーと、太田君ことおーさんがそれぞれバイクという、総勢六人の仲間で山中湖目指してドライブへ出かけた。首都圏からだと丁度良い距離感というのもある。

女性二人はイガちゃんの車の後部座席で、早速お菓子を摘まみ始めた。

大月のジャンクションで中央道を折れ、富士五湖方面に向かう。

そういえば富士五湖の辺りとか、日本のチベットなんだよと、地元の友人が笑っていたな、などと奈江さんは思い出した。

山中湖畔を周回し、適当に見繕った駐車場に車を駐めて、湖畔を散歩することにした。

暑い日だったので皆で子供のように水辺で水を掛け合って遊んでいると、突然うっちーが、バシャ！　という大きな水飛沫を上げて湖畔に倒れた。全身ずぶ濡れだ。

開き直ったのか、彼は水面を手でバシャバシャと叩いて遊んでいる。皆はそれを見て大笑いしていた。

しかし、次の場所に行こうと声を掛けてもなかなか上がってこない。

「何やってんだよ～！　早く戻ってこいよ」

「うっちー、もうそれはいいからさー！」

イガちゃんが声を掛けても無視して暴れている。

「ねぇ、うっちーの様子、ちょっと変じゃない？」

智子がそう言ったので、真顔に戻って彼のほうを観察する。

するとどうやら水面を手でバシャバシャしているのは、遊んでいるのではなく、まるで溺れてもがいているように見えた。

水深十五センチもないような浅瀬にも拘らず、そんな振る舞いを見せるうっちーに、一行の男性三人が駆け寄った。

腕を掴んで引き上げようとしても、なかなか引き上げられないようだ。

近くで見ていた奈江さんと智子はその様子を見ながら、不穏なものを感じていた。

「あれさ、何か変じゃない？　何で一人を三人で抱え上げられないの？」

ただ、これから女二人が走っていっても、手を貸すのは邪魔になるだろうし、どうしたらいいのだろう。

様子を見守っていた二人は同時に悲鳴を上げた。

湖水に浸かったうっちーの下半身に、得体の知れない長い物が蠢《うごめ》いている。

――蛇？

だが、蛇にしては頭の数が多いように思えた。まるで巨大な肘から先の手のように見える。

助けに行った三人に向かって声を張り上げる。

「うっちーの足の辺りに何かいるみたい！　気を付けて！」

程なく三人の戸惑いを帯びた叫び声が聞こえた。

三人はうっちーの両腕を掴んで、力任せに浜まで引き摺り上げた。


奈江さんと智子は、ずぶ濡れの四人の元へ駆け寄った。

「大丈夫？　あれ何だったの？」

訊くとうっちーは真っ青な顔をして震えながら答えた。

「――何かが俺の足を掴んで引っ張ってたから、なかなか上がれなかったんだよ」

一方で助けに向かった男三人の意見はもう少し具体的だった。

「あれ、腐った人みたいに見えたんだよ。もしかしたらここって死体が沈んでるんじゃないの？　警察に通報したほうが良くね？」

「だとしたら、うっちーの足を掴むのは変じゃない？」

奈江さんの意見に、皆がうーんと考え込んでいると、シミケンが水辺まで戻り、ジッと目を凝らし始めた。

だが暫くすると彼は何度も首を傾げながら戻ってきた。

「もう何も見えないぞ。沈んだんかな」

遺体だとしたら警察に通報する必要がある。果たしてどうしようかと迷っていると、少し落ち着きを戻したうっちーが、寒い寒いと青い顔をしながら奇妙なことを言い出した。

「あれはきっとお化けだよ。俺は姿は見てないけど、足を引っ張りながら、お前も一緒に来いよってずっと聞こえてたんだよ。それで俺パニックになっちゃってさ――」

確かに山中湖には様々な理由で亡くなった人がいるし、水難事故は毎年のことだ。古くは東大山中湖事件という事件も起きている。

「まさかこんなに賑わっている場所でこんな怖い思いをするなんて――」

智子も怖い怖いと繰り返し、イガちゃんとともに車に戻っていく
だが、ずぶ濡れなので、男性陣は車にも乗れない。着替えを買いに行こうと、男子四人

はバイクに二人乗りで、イガちゃんの車は奈江さんが運転して、店を探しに行った。

土地勘もあるので、店はすぐに見つかった。

女性陣が駐車場で待っていたところ、着替えを終えた四人が戻ってきた。相変わらず、うっちーは寒い寒いと繰り返す。

「おい。何かうっちーの両足に気持ち悪い痣《あざ》ができてたよ。やっぱさっきのはお化けだったのかも」

おーさんの言葉に、うっちー青い顔をしたままズボンの裾を上げて、痣を見せた。いかにも人の指の形という黒い痣が、まるで蛇のうろこの模様でも描くかのように肌に残されていた。

智子が悲鳴を上げる。明らかに何か禍々しいものだ。

「――それヤバくない？　何処かでお祓いしたほうが良いんじゃない？」

奈江さんが言う。だが、男達はそんなに大事《おおごと》とは思っていないようだった。

「ほっときゃ治るよ。大丈夫だろ」

「悪いことが起きなければいいけど――」

「まぁいいよ。帰るべ。いつも通り道志みちでいいんだろ？」

帰路には山中湖から相模原市の津久井まで抜ける国道を走るのが恒例だった。途中の道の駅でクレソンを買うのも定番なのだ。

コンビニで飲み物を買い、バイク二台が前に、車はその後を追うようにして走り始めた。

だが、山中湖から道志みちに入り、まだ直線が続く道で横道から突然車が飛び出してきて、うっちーのバイクを直撃した。

すぐに車を道端に停めて駆け寄ったが、うっちーは動かない。

警察や救急車を呼び、何だかんだと病院を出たのは深夜になっていた。

うっちーは両足複雑骨折、腰椎骨折と重傷を負い、それから十年以上経った今でも車椅子の生活だという。

ナンパ待ち

竜童さんが山中湖へやってきたのは、ただの気まぐれだった。

夕方バイクで出発して寄り道をしながら来たので、到着したときには湖は真っ暗だった。

季節も冬が近いので、人の姿はない。

「帰るか」

湖畔を眺めていると、道路脇のベンチにぽつんと女の子が座っていた。

少し派手目の緑の上着に白のブラウス。茶色のロングスカートで、小さな鞄を持って困ったように視線を彷徨《さまよ》わせている。

清楚な感じが自分好みではある。だが、こんな子が何でこんな時間にこんなところにいるのだろう——。

そのときふと思い出したのは友人の言葉だった。

「たまに橋や湖とかで、ナンパ待ちで立っている子がいるんだよ」

もしかしたらこの子もそうなのだろうか？

清楚な感じだが、実は遊び好きな子なのか？

バイクを降りて近付いていくと、女の子が振り返った。

化粧も薄めで、ますます好みのタイプだ。肩口ほどまで伸びた、染めていない髪。何処か歪《いびつ》な気もしたが、彼は声を掛けた。

「どうしたんですか?」

彼女は立ち上がって俯《うつむ》いた。

「友達と遊びに来たんですけど、友達はその、先に他の人と行ってしまって。どうしようかと思っていたところなんです」

なるほど。奥手そうな彼女は、友人に取り残されてしまったのか。

「これからバイクで東京に戻るところなんですが、途中の何処か駅かホテルかに送りましょうか」

口にしてからホテルと言ったことを後悔した。万が一、下心があるなどと思われたら恥ずかしいからだ。

「……ホテルに行ってくれますか?」

「分かりました。えっと、地図とかないので、途中のホテルでも良いですか?」

「はい」

最初に見つけたのがラブホテルだったらどうしよう。

少し緊張しながらバイクへと戻ろうとすると、彼女がついてこない。

「どうしました？」

ベンチまで戻ると、彼女が手を伸ばしてくる。

少し戸惑ったが、これは脈ありということなのか。やはりこの子もナンパ待ちだったのか。

こうなったら後には引けないと、竜童さんは彼女の右手を左手で取って歩き始めた。


「──本当は私も、ナンパ待ちなんて嫌だったんです」

背中から声が届いてくる。

「でも無理やり連れてこられて。友達だけ行ってしまって困っていたんですけど、いい人もいるのでナンパされるのも良いかなって」

これはいよいよいい感じになるのではと、竜童さんは期待した。

「一緒にいてくれませんか？」

そっと背中に柔らかな感触が触れ、同時に左側から腹に手が回った。

そこで違和感を覚えた。彼女の右手は左手で掴んでいるのに、何で背中に彼女が抱きついてこられるのだろう。

立ち止まって振り返ると、彼女は俯いたまま右手で竜童さんの左手を握っている。

「どうしましたか？」

「いや、何でもないです」

この子はヤバい。何がヤバいのかは分からないけれど、とにかく何処かが変だ。そう直感が訴える。

——バイクに乗せたくない。

そうなると、何とかして引き離さないといけない。考えを巡らせながら歩く。

何故か足元からゾワゾワと寒くなってきているが、きっとこれは気温のせいだ。

彼女は先ほどから何かを呟いている。

「私、一人でいるのは怖いんです。髪を切られて、酷いことされて、死にたくなるから」

繋いでいる手が冷たい。手を放そうかと力を緩めると、その分だけ強く握り返される。

彼女のもう片方の手が、手首を掴んだ。

「一緒にいてくれますよね？」

ぶんぶんと手を振り払って駆け出す。

「逃げないでください。だってあなたも私のことナンパしたでしょう？」

すぐ耳元から聞こえる声。追いかけてくる足音は聞こえなかったのに。

「南無阿弥陀仏！　南無阿弥陀仏！」

知っているお経はこれだけだ。

彼は叫びながらバイクに跨《また》がり、ヘルメットを被った。

それでも耳元では彼女の声が響く。

「声を掛けてきたんだから、責任取ってください」

「南無阿弥陀仏、南無阿弥陀仏、南無阿弥陀仏！」

エンジンを掛けて、走りだす。湖から離れて何処かもっと賑わっているところへ。

走っている間中、ずっと南無阿弥陀仏と唱え続けた。

国道に合流してすぐコンビニがあったので、バイクを停めて店内に走り込んだ。

「すみません、ヘルメット外してくださーい」

店員ののんきな声が聞こえて、その場でへたり込む。その足元に泥水が滴っていく。

「うわ、きたねぇ」

店員の言葉にヘルメットを外すと、汚泥のようなものが所々にへばりついている。何かが腐ったような嫌な臭いがする。これは店にも迷惑だろう。

多分ライダースーツの背中も汚泥だらけに違いない。

とりあえず店員にお願いして、二リットルのペットボトルで水を買い、店外に出てヘルメットを被る。

頭からペットボトルの水を被った。バイクのシートにこびりついている泥も洗い流す。

これで少しはましになるだろうか。

水は冷たかったが、汚泥を付けたまま走るほうが気持ち悪い。連れて帰ってしまうと思えば何でもない。

もう二度と山中湖には行かない。ナンパはしない。

竜童さんは、今でもそれを守っている。

忍野八海《おしのはっかい》の婦人

奈美さんは仕事のストレスから平日に休みを取り、一人でふらりと山中湖方面へ車を走らせた。季節の上では秋といっても、まだまだ暑い。標高のある地域を訪れるのには良いタイミングだった。

ああ、忍野八海という手もあるか。

そういえば最近足を運んでいなかったなと思い出し、彼女は山中湖を通り過ぎて、忍野八海を訪れた。車を近隣の駐車場に駐めて散策を始めた。

忍野八海とは山梨県東部にある八箇所の湧水池を指す。国の天然記念物であり、観光客も多い。

だがこの日は平日ということもあり、観光客の姿は少なかった。

全ての池を歩いて回ると二時間近く掛かる。奈美さんはぐるりと一周してから、山中湖の温泉で汗を流して帰ろうと考えていた。

途中、澄んだ池の一つを眺めていると、いつの間に横に来たのか、見知らぬ初老の婦人から声を掛けられた。

「いつ見てもここのお水はとても綺麗ね。あなたは初めてここに来たの？」

「いえ、この辺りは自然が綺麗だし、とても気に入っているんですよ。だから、日頃の疲れなどで一人でぼんやりしたいときに、時々来るんです」

　すると御婦人はにっこりと笑顔を見せた。

「あなたも色々と疲れているのねぇ。もし良かったら、私と一緒に回らない？」

　せっかく一人でのんびりしに来たのに、見ず知らずの人、しかも自分の親ほどに年齢が離れた人と一緒に巡る余裕などない。こっちは介護サービスじゃないのだ。

「申し訳ありませんが、今日は一人でのんびり散策をしたいので」

　思ったことは一切顔に出さずに丁重に断る。

「あらあら、それは残念ね。私もゆっくり見て回ることにするわ。また何処かで会ったら、どうぞよろしくね」

　婦人は会釈してその場を立ち去った。

　奈美さんはほっと胸を撫で下ろした。しつこく付き纏われるのではないかと戦々恐々としていたのだ。

　ただ、そのときは特に気にも留めていなかったが、散策を続けていると、何処からか監視されているような居心地の悪さが付き纏ってくる。

誰に見られてるのだろうと、何度か周囲を見渡したが、特に視線を向けてくる人は見つからない。単なる気のせいかと思って歩きだすと、やはり視線を感じる。

一体これは何だ。

既にゆっくり散策するという気分ではない。見定めるというか監視するというか、値踏みされているというか、何とも気味の悪い視線に思えた。

一旦気にし始めると、その見知らぬ視線が気になって仕方がなかった。気持ちが悪いのも確かだが、一方で何とかしてその正体を明かしたいという気持ちもある。

だが緊張し続けて疲れるのは本末転倒だ。お茶屋を見つけ、そこで少し休憩しようと考えた。

景色も見たかったので、屋外のテラス席に腰掛けた。

冷たい飲み物を飲みながら、ぼんやりと周りの景色を見ていると、やはりそこでも視線を感じる。

ゆっくりと視界の隅々まで、一人一人じっくり観察していく。

すると、視界の端ギリギリの辺りに、先ほど声を掛けてきた婦人の姿があった。

顔をこちらに向けて、口の端を釣り上げ、何か罠に掛かるのを期待して待っているような表情。明らかにこちらを観察している――。

奈美さんの背筋に冷たいものが走った。

一体彼女は何者なのだろう。先ほどからずっと私の後をつけていたのか――？

そう思うと寒気がした。とにかくあの何かを期待しているような表情が嫌だ。

奈美さんはその場を離れることにした。

今日はついてないなぁと思いながら駐車場へ戻ろうとしていると、背後から女性に声を掛けられた。あの婦人だ。

「あらあら、あなた何処へ行くの？」

「今日はもう帰ります！」

奈美さんは振り返りもせず、足早にその場を立ち去ろうとする。

そのとき、耳元で婦人の声が響いた。

「あなた――何を言ってるの？　まだ私と一緒にいましょうよ」

おかしなことを言ってきたのに腹を立て、奈美さんは喧嘩腰で言い返した。

「さっきから何なんですか！　ずっと気持ち悪い目で私のことを見ていましたよね？　何か用なんですか？」

語気を強くして訊ねると、少し俯き加減だった婦人の表情に粘着質な笑みが浮かんだ。

明らかに目がこちらのことを嘲笑っている。

え。この人普通の人じゃないの――?

得体の知れない恐怖に、思わず後ずさってしまう。

「もう私に構わないでください!」

急いでその場を立ち去ろうとした瞬間、婦人が奈美さんの手首をギュッと掴んだ。

「ダメよ。あなたは私と一緒に行くんだから」

そう言って来た道を戻ろうと引っ張った。

「痛い!」

万力のような容赦のない力に、顔を顰《しか》める。

そのときに、生きている人間ではないと確信した。足首から先がなくて空中に浮いているのだ。そして足だけではなく、身体の所々から、向こう側の景色がぼんやりと透けている。色々と不思議なものを視たこともあるが、こんなにはっきり視えるのは記憶にない。

気付いた途端、恐怖と同じくらい強い怒りに襲われた。

「ふざけるな! あんたと同じにしないで! 私は関係ない!」

怒鳴り声を上げた。

数人の観光客が振り返る。

奈美さんは婦人を押し飛ばした。

その隙に駐車場まで走っていき、車に乗り込んで扉にロックを掛け、エンジンを掛けた。

周りを見渡すと、もう婦人の姿は見えなかった。

だが車体が小刻みに揺れている。

まさか！

「ちくしょうめ！　もう少しだったというのに！　口惜しいわ！」

声は聞こえても姿が見えない。続いて車体がますます大きく揺れ始めた。

あの婦人はまだ車の周りにいて、こちらにちょっかいを出している。

奈美さんは急いで車を出した。

山中湖まで移動し、なるべく人の多そうな場所をわざわざ選んで駐車場に車を入れる。

周囲は家族連れや恋人達で賑わっていて、やっと気持ちに余裕が戻ってきた。

だが車から降りる気力はない。湖畔を眺めながら、一体あれは何だったんだろうかと思い返す。

疲労でチャンネルが合ってしまったのだろうか。それにしては現実感があった。

そのとき、ふとハンドルに乗せていた腕を見ると、先刻、あの婦人に掴まれた箇所が、赤黒い痣になっていた。しかも今でも掴まれているかのように、掌の形に凹んでいる。

あれは夢でも何でもなかったのだと認識すると、また恐怖が襲ってきた。

その後、無事に帰宅することができたが、彼女は高熱を出し、結局一週間に亘って会社を休む羽目になった。

しかもその間、あの婦人が自分を探し続けている夢を繰り返し見た。殆ど寝ることもできなかった。

腕は、いつまでもあの婦人に掴まれているかのように、赤黒く凹んで、ずっと痛み続けていたという。

第二章　樹海近辺の話

鳴沢の公衆トイレ

　家でのんびりしていると、富士ケ嶺《ふじがね》のキャンプ場のオーナーから連絡が入った。明日団体さんの予約が入ったから来てほしいとのことだった。

　今から支度するとなると、到着が零時を過ぎると伝えたが、それでも構わないという。それならばと急いで家を出た。

　急いでといったところで現地までは三時間は掛かる。

　家を出たのが二十一時過ぎだったが、高速は意外と空いていたので、思いのほか早く到着できそうだった。

　中央高速から大月のジャンクションに入る。河口湖インターチェンジを下りて国道１３９号線を走っていると、急に催してきた。

　本来なら県道へと左折する箇所をパスして、その先の鳴沢氷穴の公衆トイレに急いだ。

　無事に用を足した後で車に戻ろうとした。トイレの背後に見える樹海がいつもにも増して気持ちが悪い。ふと気づけば、男性が樹海の奥から慌てた様子で手招きをしている。

「そのときは不思議と怖さを感じなかったですね。何か困ったことが起きたんだな、くらいで」

手元に明かりといえばスマートフォンのＬＥＤライトくらいしかなかったが、男性の後をついて樹海の奥へと足を踏み込んだ。

真夜中の樹海だというのに恐怖心はない。足元が悪い中、暫くついていくと、男性が不意に立ち止まった。

無言のまま地面を指差す。その示す方向に明かりを向けて近寄っていくと、何かが転がっている。

遺体だ。しかも全身が滅多刺しにされて、赤黒い血に塗れている。

その顔は、先ほど先導してきた男性のものだ。慌てて周囲を確認すると、男性は立っているが、向こうが透けて見えた。

「で、そこからが大変だったんですよ」

樹海の奥にあった遺体の位置から車へは、何故か迷わずすぐに出られた。一応、遺体の場所には、目印として着用していたベルトを樹に巻いておいた。駐車場から河口湖署へ移動し、ことの顛末《てんまつ》を説明した。しかし今は暗いので動けないという。

取り調べでは、どんな経緯で発見したのか、何故樹海へ入ったのか等を訊かれたが、体験を話すしかないので、そのまま昨晩の出来事を繰り返す。

聞き取りをしている署員は困った顔をしていたが、場所柄なのか、そんなことも稀にあるからなと納得していた。

夜明けを待って、パトカーで鳴沢氷穴の駐車場まで移動した。

どちらですかと問われて、吸い寄せられるように現地を目指す。

何故か遺体までの足取りに、一切の迷いはなかった。

一通りの片が付いた後で、キャンプ場に連絡すると、大変だったねと声を掛けられた。

団体さんへの対応は、夕方から手伝うことになった。

黒電話

深夜、樹海の中を車で走っているときに、助手席の友人が不意に思い出したかのように話し始めた。

「昔、まだ俺が若かった頃にさ、この辺りでキャンプしたりしてたんだよ。大分長い間来てなかったけど、ここは変わらないね」

友人はアウトドアが趣味で、還暦近い今でも月一でキャンプに出かけているという。若い頃に厭世的になった時期があり、人と関わり合いになりたくないと、色々と渡り歩いた結果、樹海に辿り着いたらしい。

「だから、自殺者を何人か思いとどまらせたこともあるよ。キャンプしてるからお前そこで吊れっていうと、何か尻込みするみたいで。あ。自殺教唆かこれって」

彼はわははと口に出して笑った。

「それはそうと、電話機があったんだよ」

「樹海の奥にですか？」

訊ねると、そうだと彼は頷いた。

樹海の入り口に電話ボックスがあるのは知っている。十円玉が何枚か置かれた、最後の命綱たろうとしている電話だ。

「そんなんじゃないいんだよ」

友人が否定した。

樹海には水がないいんだ。だから持ち込んだ水の分量が滞在期間を決めるのだと、友人は続けた。

樹海で二泊して、そろそろ水も切れそうだったので、テントを畳んで周囲を散策しているときだった。樹の根元に黒電話が置かれているのを見つけた。

電気も電話線も来ている訳もなく、露地にそのまま置かれているのだから、きっとこれは誰かが酔狂で持ち込んだものだろう。

友人はそこで荷物を置いた場所まで戻ろうと決めた。

踵《きびす》を返そうとした瞬間、その電話機が鳴った。


「――それ、出たんですか？」

「出た」

テレビのドッキリだと思ったんだと、友人は言い訳するように続けた。

一般人を巻き込んで番組のコーナーで笑いものにするような企画なのだろうと思い、友人は受話器を持ち上げて耳に当てた。

数秒無言の時間が過ぎた後で、ピーという電子音が聞こえた。

続けて受話器の向こうから、やたらとアクセントが平板な声で、こんなことを言われたのだという。

——少々お待ちください。ありがとうございました。次回御予約承りました。

受話器を戻した上で、黒電話を蹴飛ばした。だが、それは案の定、何処にも繋がっていなかった。

樹海病院

総合病院の整形外科の待合で知り合った佐藤さんから聞いた話。


「はい、次の人」

そう呼びかけられて、佐藤さんはハッとした。どうやら無意識に呆けていたらしい。

暗い待合室には、微かに消毒薬の匂いが漂っている。電灯が切れてしまっているのか、室内は暗く、隣に座っている人の姿も朧《おぼろ》げなシルエットにしか見えない。

どうやら自分の番ではなかったらしい。隣に座っていた黒い人影が立ち上がり、ドアを開けて明るい診察室へと入っていく。

待合室に一人残され、次は自分だと思ったときに、急に背筋が寒くなった。

どうしてだろう。ここは病院で、悪いところを診てもらう場所なのに。

「はい、次の人」

佐藤さんは立ち上がってドアを開けた。

打って変わって明るい室内からは、消毒液と血の臭いがした。

——ここは病院だもんな。怪我人でもいたんだろう。

そう自分を納得させながら、医者の前に置かれた丸椅子に座った。

室内は明るく、机の上にある明かりが何故か自分に向けられていて眩しい。医者の顔もよく見えない。古い刑事ドラマの取調室を思い出した。

「よろしくお願いします」

「んー。大変でしたね」

医者はこちらには目を向けず、問診票に目を落としているようだ。

会社でリストラに遭い、その後再就職がなかなかできず、結局妻は出ていってしまった。

「——一番は家族のことかな。多いんだよね、家族のこと」

診察室に入ってからは、よろしくお願いしますとしか口にしていない。

「それで持ってるのは縄？　ああ、ライターもあるんだね」

腰の辺りから、ゾワゾワしたものが立ち上ってくる。

問診票なんて書いたっけ。何故この人は自分の所持品を知っているのだろう。

そもそもここは病院なのか。

いや、医者は白衣を身に着けているし、診察室の様子も病院そのものだ。

ここにどうやって来たんだっけ——。

こちらが何も口に出さなくても、医者は独り言のように次々に何かを言い当ててくる。

漠然とした中で、淡々と診断が進んでいく。

「それじゃ――首吊りで。気を付けていってらっしゃい」

がしりと両腕を掴まれた。

そういえば、自分の前の人はドアから出てこなかった。

恐らく、この両腕を掴む人型をした靄のようなものに攫《さら》われたのだ。

「何処に連れてくんですか！」

「大丈夫大丈夫。すぐだから」

妙に気楽な声の返事が戻ってきた。相変わらず医者の顔は見えない。霞は全身に絡みつき、入ってきたドアとは違う方向へと、強引に身体が引っ張られる。

「嫌ですって！」

「――だって、あなた死にたくてここまで来たんでしょ？」

医者が呆れたような声を上げた。いるんだよ、こういう困った患者さん――そんな思いが透けて見える声だった。

その途端に佐藤さんは思い出した。

そうだ、自分はもう死んでしまおうと思って樹海にやってきたのだ。

自家用車だとすぐ足が着くからと、わざわざバスで来て、小雨の中、遊歩道を歩き続けた。人影がなくなった頃に柵を越えて、そこからずっと暗闇の中を歩いていたのだ。

そして気付いたらここにいた。

まともな病院ではない。そもそも病院であるはずがない――。

「病院ですよ」

声が響き、首や肩をがっちりと固定された。もう動けない。

「嫌だ！　やめてくれ！」

そのとき、ポケットからスマートフォンが床に落ちて、カツンと音を立てた。表示されたロック画面に、自分の子供の顔写真が表示された。

「嫌だ！」

全身に力を入れて必死に抵抗していると、ある瞬間に首や肩の拘束が解けた。

疲労感に膝をつくと、何かが頭上から降ってきて肩に当たった。縄だった。

佐藤さんは、真っ暗な樹海の底に座り込んでいた。

首に違和感がある。指先で確認すると、縄が巻き付いていた。

目が慣れてくると微かな明かりが周囲を照らしているのが分かった。

その光で、縄を括り付けた枝が折れて落ちてきたのだと理解した。枝には古い縄が括られた状態だったからだ。

微かな明かりは、自分を背後から照らすスマートフォンの画面の明かりだった。

子供の笑顔が画面に映っていた。

「え?」

樹海に入って彷徨ったのは覚えているが、縄を準備して、実際に首を吊ろうとした覚えはない。慌てて背中のバックパックを下ろして確認すると、新品のロープが入っていた。

「――あの病院のような場所は何処だったんでしょうね。思い詰めてしまってたから、あんな幻覚を見たと思ったんですよ。樹海から這い出て、まだ死ねないと思って、バイトを始めたんです。でも、ほら」

彼は顎を上げた。

「縄の痕と、夢の中で押さえつけられた痣が今も痛くて。肩もひどいんです。だから整形外科に来たんです。心療内科にもこのあと行って、話を聞いてもらうつもりです――」

首の痣はどす黒く鬱血していた。

薄っすらと笑う佐藤さんには、死者から立ち上るような臭いが纏わりついていた。

精進湖口登山道

藍子さんは高校二年生の夏に、学校での人間関係に悩んだ結果、何となく消えてしまいたいと思って樹海まで行ったのだという。

当時、彼女は十七歳の誕生日を一週間後に控えていた。

樹海パトロールが見回っているという噂を耳にしていたので、怪しまれないような服装にしようと、わざわざハイキングに訪れた人を装って富士山の精進湖口登山道の入り口に立った。ここから入山して暫くは青木ヶ原樹海の中を抜けていくのだ。しかし、実際に足を踏み出すとなると、やはり躊躇《ためら》いがあった。だが背後から登山客が追い越していく。藍子さんも続くようにして入山した。

途中で前を歩いていたその人達が気を遣ってか、時々話しかけてくれた。相槌を打ったり質問に答えたりしながら歩調を合わせ歩いていたが、段々とペースが上がり、気付いたら受け答えする余裕もなく、無言で歩き続ける羽目になった。

藍子さんは疲れてしまい、立ち止まったり遅れたりしたが、そのたびにその人達は彼女にペースを合わせてくれた。

どれくらい歩いたのか、次第に陽も落ち始めた。

すると、藍子さんは疲れもあってか、段々眠くなってきてしまった。

眠い。

眠い。

足を踏み出すたびにそう考えながら耐えつつ歩いていたが、彼女はとうとう立ち止まってしまった。これはもはや身体が限界なのだろう。

「すみません……ちょっと休みたいです」

ずっと一緒に歩いてくれた、先行する人達に声を掛けた。

でも、この人達は何で一度も休息を取らずに歩き続けられるのだろう――。

すると一行の一人が、進行方向を向いたまま答えた。

「この先あと百メートルくらいまっすぐ行けばゴールだから。俺達はそこで待ってるよ。――君が来るのを待ってるからね」

そう言い残すと、皆は歩いて先に行ってしまった。

藍子さんはどう対応していいか分からなかった。とにかく眠かったのだ。

内心、待ってくれないんだとも、励ましてくれれば百メートルくらい歩くのに、などと考えながらも、眠気には抗えずに、とうとうその場に座り込んで眠ってしまったという。

何かツンツンと頬っぺたを突かれた感触に目が覚めた。

見ると、藍子さんと同じ歳か、ちょっと上くらいの女の子が中腰で彼女のことを見ていた。さっきの一行にはいなかった子だ。

ロック風のプリントTシャツに厚底の靴。明らかにこの場に相応しくない格好だが、藍子さんはそのときはその違和感には気付かなかった。

それよりも、既に周囲は完全に暗くなっており、辺りを見回しても他に誰もいない。

慌てて立ち上がる。

そのとき初めて、彼女は登山道を外れていることに気付いた。

――いけない。このままだと迷っちゃう。

藍子さんは闇雲に引き返そうとしたが、背後から女の子に声を掛けられた。

「ねぇねぇ……あなたさぁ、もしかして死にに来たとかなの？」

そこで藍子さんは自分の当初の目的を思い出した。

自分は樹海に死にに来たのだ。引き返そうって、一体何処に引き返すつもりだったのだろう。

恥ずかしかったが、彼女は女の子に向かって「そうです」と答えた。

「ふーん……じゃあさ、理由教えてよ」

女の子はそう言いながら、藍子さんの手を引いて歩きだした。その掌は、少しひんやりしていた。

この人、この辺りに詳しいのかな。

でも、一体何でこんな人がここにいるのだろう。

次々と断片的な疑問が浮かんではくるが、疲労が残っているのか、それよりも深く考えることができない。頭の中に霧が掛かったような、ふわふわとした感覚。

それでも女の子に促されて、自分がどうしてここに来たのかを話し続けた。

一体どれほどの間、話しながら歩いただろう。

藍子さんが一通り話し終わる頃に、その女の子が手を離した。

「それってうちと同じじゃん!?　あっ、ここだよ。着いた！」

何処に着いたのか暗くて見えない。

見る限りでは高低差も特にない。

「えっ？　何も見えないんですけど……」

「一緒に死ぬ訳ないじゃんバーカ！」

少女は笑いながら藍子さんのことを突き飛ばした。

あったはずの足場が消えて、それからはひたすら急斜面を転がっていく。勢いが付いているから止まれない。

痛いだけではなく、木の根や石が当たって内臓に響いた。

暗くて気が付かなかったが、こんな段差があったのだなと何処か冷静な自分もいる。

――これでは自殺じゃなくて他殺だ。自殺ならいいが、殺されるのは嫌だ。


気付いたら病院だった。

後で聞いた話によると、巡回をしていた警官が、遊歩道の入り口近くに泥だらけで倒れている藍子さんを発見したらしい。

意識を失っていたこともあり、即座に救急車で病院へ搬送されたのだという。

更にそれから一週間後に目を覚ましたのだと伝えられた。

記憶と全然違う。

一体遊歩道の入り口とは何処のことだろう。登山道の入り口だとしたら、自分はあの女の子に会ってから、スタート地点まで歩いて戻ったということだろうか。

体力が回復してきてからは、事情聴取が始まった。

まずは発見された当時、あなたが右手に握りしめていたものですという説明とともに、三十センチほどの長さの標識ロープの切れ端を見せられた。しかし、何処で掴んだのかも、いつ掴んだのかも全く覚えがない。

続いて、何度も訊かれたことがある。藍子さんの靴に入っていた人の手の中指の骨に関してだった。警察の人から、「いつ」「何処で」「何故」靴に入れたのかを繰り返し質問されたが、これにも一切記憶がなかった。

「あの日、私は一体誰と樹海を歩いてたのか、よく分からなくなってしまったんです」

藍子さんは今でもあのときのことを思い出すという。

一緒に登山道を歩いていた人たちの言っていた『この先あと百メートルでゴール』という意味もよく分からない。富士山の登山道なのだから、ゴールは明らかに樹海の中ではない。富士スバルライン五合目のはずなのだ。

「今もまだ、ゴール地点で私のことを待っているのかなって思ったりもするんです。ゴールって、色々考えちゃいますけどね」

最後に自分のことを突き飛ばした女の子も、樹海の奥にまだいるのだろうかと、藍子さんはそんなことを考えたりもするのだという。

ハイランダー

遊園地のアトラクションでは絶叫マシンが最も好きだという洋子が向かったのは、テレビで何度もコマーシャルを観た富士急ハイランドだった。

しかしテレビの特集で見たのが忘れられずにやってきたのだが、目的のジェットコースターはまだできあがっておらず、残念に思いながらも、他のアトラクションを楽しむことにした。

付き添いで一緒に来てくれていたのは祖父だったが、元気に走り回る自分と弟とを見るには、体力が限界だったらしい。疲れ果てて、ベンチに座り込んだまま、尻に根が生えたように動かない。

流石にその様子を見て、一緒にジェットコースターに乗ってくれとは子供でも言い出せなかった。弟の裕介と、「あちらのジェットコースターに乗ってくるよ」と言い残して、列に並ぶことにした。

待ち時間は結構ある。

「ねーちゃん大丈夫かよ？　泣くなよ」

生意気なことを言う弟を軽くいなしながら、洋子はジェットコースターのコースを見上げた。

驚くようなスピードで轟音を立てながらジェットコースターが通り抜けていく。キャーという歓声と悲鳴が混じって聞こえてくる。

動いているジェットコースターは確かに怖そうに見えるが、絶叫マシンのスリルは大好きだ。

「あれ？」

裕介がコースを見上げながら目を細めた。

「どうしたの？」

「いや——何でもない」

実は洋子も今、多分同じものを見てしまった。見たものが同じかどうか、弟に言わせようと思って黙っていると、またジェットコースターが駆け抜けていく。

「ひっ」

裕介が小さな悲鳴を上げたが、洋子は黙っていた。

段々と順番が近付いてくる。次第に裕介の顔色が悪くなり、あまりジェットコースターのほうを見なくなった。

「やっぱり怖いのはあんたでしょ」

「怖くないよ！」

裕介はもう思春期で、何にしても意地を張る年頃になっている。昔は低い背をいつも気にして、ジェットコースターに乗れるかな、などと言っていたのに、今回は背を確かめるボードの前で、溜め息を吐いている。理由は先ほど見えた、あれだ。

もうすぐ自分達の番がやってくる。

「あのさ、ねーちゃん。見えた？」

「何を？」

「女の人」

「見てないよ。さ、乗る番だよ」

前の客が降りて、反対側から洋子達が乗り込む。見ていないというのは嘘だ。

そわそわする裕介に案内役の女性が大丈夫？　と優しく声を掛けた。

「へ、平気です！」

微笑ましい。

——裕介、無理してるなあ。

そう思いながらも、動きだしたジェットコースターに洋子自身も緊張する。要は二人とも怖いのだ。ただ、普段生意気な弟がしおらしいのは少し面白くもあった。

コースをカタンカタンと音を立てながらジェットコースターが上がっていく。もう少しで天辺だ。

「ねーちゃん」

「大丈夫大丈夫」

弟が不安そうな顔でこちらを見る理由は理解している。

洋子にも、今まさにコースの天辺に立つ女が見えているからだ。

伸び放題のバサバサの髪が風に煽られて踊っている。服は元は白だったものが薄汚れて、シミが浮いて茶色になっている。

直後、先頭車両が女を轢《ひ》いた。彼女は跳ね飛ばされた後、自由落下し始めた。そこに後続の車両が突っ込み、姉弟は半透明な女の身体を通過していく。一瞬のことだった。

列に並んでいるときから、弟はこの女を見て怖がっていたのだ。

弟の悲鳴は周囲よりもちょっと早かった。それは仕方がないだろう。

その直後、洋子は絶叫を飲み込んだ。女が弟の真横に這い上がってきていた。

女はジェットコースターの車体にしがみついて、弟に顔を寄せていく。

今までになくはっきりと見える。土気色の顔に血走った目。口元だけは真っ赤な口紅を引いているが、それでいて擦ったように口元は汚れている。

その口元だけが吊り上がり、目だけが交互に洋子と裕介を凝視している。

他の客がコースに振り回されて叫び声を上げているが、自分達にはその余裕すらない。

何が何だか分からない間にジェットコースターは終わった。

降りるときには女の姿は消えていたが、弟の足はガクガクと震えていた。

「大丈夫大丈夫」

励ましながら階段を下りる。祖父が様子のおかしい裕介に走り寄って肩を支える。

「トイレ行こうな、裕介」

生意気だが裕介はまだ子供だ。怖かったろう。

祖父がトイレに連れていくのを見送りながらベンチに腰掛ける。そこでようやく自分も震えているのに気が付いた。

最初に余裕があったのは、眼鏡を外してジェットコースターに乗れば、女はそんなに怖くないと思ったのだ。しかし、くっきりと見えてしまった。霊に視力は関係ないらしい。

「あの、大丈夫？」

声を掛けられて洋子が顔を上げると、二十代と思える男女が立っていた。

「あのね？　私達あなた達の後ろに座ってたの。大丈夫？」

「大丈夫な訳ないだろ。あの子、めちゃくちゃ可哀想だったしさ」

男性が周りを見回す。

「何処行ったの弟君」

「トイレです」

「そっか。じゃあ、俺達もう帰るけど、二人でこれでも食べて元気出しな？」

男性が売店で買ってきたのか、お菓子をどっさり手渡してくれた。

「あなたも怖かったでしょ」

そう言う女性の手も震えていて、男性の服の裾を指の色が白くなるほどの力で掴んでいる。

「俺達もあの女、見えたし聞こえちゃったから。あれは怖かったよなぁ」

男性の言葉に女性は先ほどの女のことを思い出したのかポロポロと涙を流し始めた。何でもないと繰り返すが、男性は慌てている。

「――見えたんですか？　え、聞こえたって」

「ともかく、早く忘れちゃいなよ」

男性は女性を支えながら去っていった。

聞こえた、の意味が分からなかったが、どうやら二人もあの女を見たのだ。

少しほっとした。自分の幻覚ではないのだ。

暫くすると、目を真っ赤にした弟と祖父が帰ってきた。

トイレにしては長かったので、泣いているのを祖父があやしていたのかもしれない。

「どうしたんだそのお菓子」

「貰ったんだよ、ジェットコースターの後ろの席にいた人に。怖かったでしょうって」

「そうか」

封も切っていないお菓子は、すぐ横の売店で売っているものばかりだったので、祖父も安心したらしい。

裕介もそのお菓子を頬張ると、一息ついたのか、次のアトラクションへ行こうと誘ってくるほどには元気になっていた。

帰り道の車の中で、裕介は疲れて寝てしまっていた。

祖父が訊いてきた。

「洋子、あのジェットコースターで何かあったか」

「裕介が怖くて泣いちゃったこと？」

「裕介がトイレで泣いて言ったんだよ。聞けば『一緒に落ちて』ってずっと言われてたとかでね、怖がってた」

それのせいかと洋子はカップルの発した「聞いた」の意味を理解した。

「――いや、何もなかったよ」

祖父をこれ以上心配させまいと、洋子はつとめて明るく言った。

数日後、弟に〈怖かったのは、もう大丈夫か〉と訊いてみた。

「別にジェットコースターなんて怖くねぇし」

彼は虚勢を張っているのか、もうあの女のことを覚えているのかも分からなくなった。

第三章　甲府盆地周辺の話

フルーツ王国怪談

甲府市内での話になります——。

桃子さんはそう話し始めた。

小学生の頃に葡萄《ぶどう》狩りに行ったときの体験だという。

その日は母に用事があって参加できないということで、祖父と祖母、父と弟、そして桃子さんの五人で知り合いが経営しているという葡萄畑に行くことになった。

どうも祖父の友人だか遠い親戚だかがやっているという話で、人もあまり来ないから、ゆっくりできるよと誘ってくれた——という経緯らしい。

弟は父に抱っこしてもらい、葡萄をもぎ取ってははしゃいでいた。

祖父も桃子さんを抱っこして葡萄をもぐのを手伝ってくれようとしたが、背伸びをすれば届く高さだ。

「大丈夫。一人で採れるよ」

一人で背伸びをしながら、葡萄に手を伸ばした。

袋掛けをしてあるものなら、すぐに食べるよと声をかけられた。袋掛けとは、葡萄を虫や鳥の害から保護するために袋に入れることをいう。

桃子さんは、袋に入った葡萄の房を軸の部分からもごうと手を伸ばした。だが背伸びした指先が軸に触れると、その上のほうから誰かにギュッと手を包まれたような感触があった。慌てて上を見ると、自分の手に重なって細くて白い手が見える。

女の手だ。

そう直感した。

手を引っ込めようとしても力が強くて動かせない。

背伸びをしたままなので、足が震えてくる。

孫の不審な様子を訝しんだのか、祖父が声を掛けてくれた。

「大丈夫か？」

すると、手が樹上にすっと引っ込んでいった。

手には、真っ赤になった痕が残っていた。

その葡萄は祖父が代わりにもいでくれた。それから房になった葡萄は苦手だという。

※　※　※

由良さんは子供の頃、桃を買うために山梨の長野県側まで祖父母に連れていってもらったことがある。

親戚が桃園をやっているので、そこで安く購入しようと祖父が言っていたのを記憶している。箱で四つ買うという話だった。

幾つか出された箱を見て、さてどれにしようかと選んでいた祖父が、突然一つの箱に顔を近付けた。

「どうしました？」

店主の親戚が不思議そうにする。

「いや、コレは？」

一つの桃を示した。そこで何かが動いていた。肌色をした小さなものだ。

「え、足？」

それは桃に腹くらいまで埋まった何かがバタつかせている小さな脚だった。

「こ、この箱はやめてください。何か虫がいるみたいなので」

「いや、それ何？」

祖父の問いに店主は真っ青になって、がしりとそれを掴むと桃から引き抜き、自分のエプロンへと突っ込んだ。

その瞬間、見えたのは小さな人間だった。

祖父はそれを見て、思わずぷっと笑ってしまった。

小人が着ているのは紺のズボンだったが、ダブダブで捲《めく》れてしまっており、上着は黄色に染まったワイシャツ。これも着崩れている。

ジタバタする姿が可愛いというか、コミカルだったという。

車に戻っても祖父は笑っていた。

「あんなもんがいるなんてな、店主も知らなかったのかなぁ？　にしてもあのぐちゃぐちゃの顔！　面白かったなぁ」

「何を言ってるんです？」

祖母には見えなかったらしい。

「座敷わらしかな？」

数年後、小さいおじさんと呼ばれる存在であったことを知り、また祖父は笑っていた。

祖母は何か虫の精霊ではないかと、祖父の話を聞いて思っていたそうだ。

※　※　※

「そういえば、昔聞いたことがあります」

山梨の怪談はないかと聞き回っていると、知り合いの美桜さんが友人の体験を思い出してくれた。

あるフルーツ農園に、警官のような帽子を被った黒い人影が出るという噂があった。畑の外からは、人影はどう見ても警官のように見える。警棒やら何やら、色々と身に着けており、服装がそもそも警官っぽい。だが、全部真っ黒で影にしても不自然だ。

そして、その影を見ると、廃村に通じる道が農園の中に現れるらしいのだ。

ある夜、噂を聞きつけて、美桜さんの友人を含む若者数人が農園の周りの道路沿いをうろうろしていた。

すると、普段は見たことのない警官らしい人影が樹と樹の間に佇んでいる。

暫く観察していても、その警官のようなものは動かない。そのうち、仲間の一人が言い出した。

「あの奥、行けそうじゃない?」

「ちょっと行ってみるか?」

道との段差を乗り越えて、果樹園に侵入する。だが行ったところで、別の区画の農園が広がっているだけだ——そう思っていた。なぜなら事前に調べた地図でも、先ほど車で周辺をぐるりと回ったときにも、当たり前にそんな景色が広がっていたからだ。

　だが実際に歩いて奥に進んでいくと、急に街灯が減って暗くなった。畑仕事用の道具を保管するための小屋が建てられており、川のせせらぎが聞こえる。奥には鬱蒼《うっそう》とした森が広がっているのが見える。

　明らかに先ほどとは違う景色だ。

　ここはまだ果樹園が広がっていないといけない程度の距離なのだ。

　その頃には、美桜さんの友人も、これはまずいと思い始めていた。

　直後、一人が声を上げた。

「あの警官、追いかけてきやがった！」

　そこで全員蜘蛛の子を散らすように段差まで逃げ出し、それを乗り越えた。

　一心不乱に走っていく。これで大分距離を取っただろうと振り返ったところ、警官の影は道にまで出てきていた。

　一行は車に飛び乗り、一目散に逃げ帰った。その夜、幾ら地図で探しても、後日車で周囲を確認しても、そんな風景には出会えないのだという。

※　※　※

山梨に法事で帰省した。

季節が丁度良いので、お土産にしようと桃を買うために販売店までやってきたが、まだ時間が早かったのか商品数が少なかった。

親類友人に配るためには弾数が欲しい。ちょっとこれでは足りないので、他も回らなければと思いつつ、良さそうなのを三箱選んだ。

箱を車に乗せて、運転席に座ると、ぽんと肩を叩かれた。

振り返ると頭巾に割烹着《かっぽうぎ》の老婆がいた。皺《しわ》くちゃのニコニコとした笑顔が可愛らしい。

「大事に食べとくれ」

「あ、はい」

そう返事をすると姿を消した。

※　※　※

「あまり大っぴらには言えないんだけどね」

奥野さんは噂ってことにしておいてくれと言って、人懐こそうな笑顔を見せた。

葡萄農家の中には、自分達で飲むために、自家製ワインを作っている人たちがいるのだという。酒造免許を持っている訳ではないので、所謂密造酒に当たる。国税庁によれば酒類の製造免許を受けないで酒類を製造した者は十年以下の懲役又は百万円以下の罰金だ。

しかし、それを承知の上で作っているらしい。

「そりゃ、普通のワイン用の品種とは全然違うからね。巨峰とか、シャインマスカットで作ったワイン。物凄く甘くて物凄くアルコール度が高い訳。ね。この話だけでもちょっと興味湧くでしょう？」

ある日、奥野さんの知り合いの敬介さんはそのワインを神棚に捧げたのだという。

「そうしたら、翌日に全部の密造ワインの瓶が空になってたんだって。多分神様の仕業ってことになったんだけど、大っぴらにできないでしょ。だから翌年からは神様にも絶対に飲ませないってなってね。今は人間だけが飲んでるらしいよ」

正直なところ、ちょっと一舐めいただきたいなと思ったのは事実である。

オーナーママ

「山梨は飲み屋なのに駐車場があんですよ」

　舘さんはそう言って、若い頃の体験を教えてくれた。

「知ってる女が雇われママをしている店があってさ。今は俺は酒飲まなくなったけど、その当時は結構飲んでいたから、週に二回くらいは行く訳ですよ」

　無論、車で乗りつけるのである。

「で、何回も行くと常連になって、この時間だったらもう開いてるな、みたいなのが分かる。もうちょっと経ってくると、まだ店はやってないけど、中に入れてくれるようなタイミングが分かってくる訳。そうだね、夕方の六時半とか七時とか。その日もそんな感じで店に行ったんですよ」


　どんどんどんと引き戸を叩く。おーいおーいと声を掛ける。

　そろそろ中から困った顔をした馴染みのママが顔を出して、もうちょっと待てないの、なんて言ってくる頃合いだ。

だが、今日はなかなか戸が開かない。中でガサゴソやっているのは分かるが、声を掛けても返事がない。

「いるんだろー」

どんどんどんと扉を叩くと、鍵がカチャリと開く音がした。

ようと声を掛けて店に入ると、見覚えのない女性がカウンターの中に立っている。

馴染みのママより年齢はちょっと上だ。

――あれ。店を間違えたかな。

首を回らせてみると、見覚えのある電飾看板が、コンセントも繋がないまま店内に置いてある。

ということは間違ってはいない。このお姉さんは、一体何者だろう。

お手伝いの人か、もしかしたら店のオーナーなのかもしれない。雇われママのほうなら知ってるんだけどな――。

「すいません。ここのママと仲良くしてる舘っていいます」

そう声を掛けても女性は何も言わない。

あれ。聞こえなかったのかと思った舘さんは、女性の立っているカウンターまで行き、話しかけようとした。

だがそのとき気が付いた。

女性の全身がうっすらと透けている。あれ？　と思うと、顔も生気がなくて青っ白《ちろ》い。

「あのー」

そう声を掛けたら消えてしまった。舘さんは、カウンターの中で屈んだのかと思ったが、覗き込んでもいない。

不思議に思って店内を探していると、ママとホステスの一人が、話しながら勝手口から店内に戻ってきた。大方食材を買いに出ていたのだろう。

「そんで女二人が俺の顔を見て、御挨拶なことにキャーとか言いやがってさ。何でいるのとか、鍵どうして開いてるのとか訊く訳よ。そんなの開いたからとしか言いようがないから、そう答えたさ。三十半ばくらいの女がいて店の扉を開けてくれたんだってね。そんでついさっき、お前らが帰ってくる前に消えちまったんだよってね」

だが女性達は疑いの目で見てくる。

「いいから何でも盗られてないか確認してくれよ。俺も泥棒呼ばわりされるの嫌だからさぁ」

そんなことを言っていると、常連の年配男性が顔を出した。

「やってるかい？」

「あ、オーナー」

店の開店と同時に入店して、一時間くらいすると帰っていく常連客の変なオヤジと舘さんが思っていたのは、実は店のオーナーだったらしい。

「中で何かやってるから、どんどんってしつこく扉を叩いてたら、女の人が開けてくれたんすよ」

舘さんは、そのオーナーの男性を交えて、再度入店した経緯について説明をした。

「ちょっと線の細い感じの人で、Vネックみたいな服着ててね。ママより年齢は上だね」

「あ、ちょっと待って。そこにポケットアルバムあるでしょ」

オーナー氏がカウンターの隅を指差した。

「ポケットアルバム取ってくれるかな。一番古い奴」

ママが渡したポケットアルバムをばらばらと捲って、パタンとカウンターに開いた。

「この人？　こん中にいる？」

舘さんが指差すと、ママが〈誰ですかこの人〉とオーナーに訊ねた。

オーナー氏によれば、この店を始める前に、店をやっていたオーナーママだという。

この女性が亡くなる間際に、現オーナー氏が経営権などをそっくり買い取ったという経緯らしい。

「何か気持ち悪いね。いや、気持ち悪いって言っちゃ悪いけどね。とりあえず清酒で乾杯しとこうか。あときっちり盛り塩もしといてね」

ただ彼は、まだ納得がいかないようだった。

「何かあるのかね、この時期に。でも亡くなったのもこの時期じゃないしなぁ。たまたま見えちゃったのかなぁ。まぁ、暫く気を付けなさいよ」

そんなことを呟きながら、オーナー氏は乾杯してすぐに帰っていった。

ママは言われた通りに盛り塩を作っていたが、舘さんが夜九時過ぎに帰る頃には、塩は全て溶けて、水のようになっていた。

「でも、俺今でも不思議なんですけどね。塩って冬の夜に、そんなにべちゃべちゃに溶けるってことあります？　あれが何でなのかって、時々思い出すんですよね」

ヒッチハイク

運送業で長距離トラックに乗っている、大森龍口さんという知り合いがいる。現在彼は、自分の持ち込み車両で東京名古屋間の荷物を主に受け持っている。所謂一人親方だ。

久しぶりに顔を合わせた大森さんに、何か不思議な体験をしたことがないかと訊ねると、自分が独立する前に、一つだけ経験したことがあると言って聞かせてくれた。


ある年の夏のことだ。

たまたま東名高速道路で大きな事故が起きて、渋滞が酷かったこともあり、彼は急遽《きゅうきょ》中央道を使って、東京から名古屋方面まで輸送することにしたのだという。

まだ当時は圏央道が完成していなかったので、東名高速から横浜町田のインターで降りて国道16号線を北上し、八王子のインターで中央道に乗った。

移動途中では、何度か休憩を挟むことになる。彼はその最初の休憩場所を、山梨県甲斐《かい》市にある双葉サービスエリアに決めた。中央道では、諏訪《すわ》サービスエリア、駒ケ岳サービスエリアと並んで、大森さんが気に入っている施設だ。

今回は夕飯の時間の都合でそちらを選んだ。ここのビーフシチューは絶品なのだ。

食事を終えた大森さんが、さてトラックを出そうかと考えていると、たまたま「名古屋方面」というフリップを出している若い男性が立っていた。

——ヒッチハイクか。

若い頃に、大森さんもヒッチハイクで日本中を巡ったことがある。

今契約している会社からは、ヒッチハイクを乗せてはいけないとは言われていたが、つい懐かしさもあって声を掛けてしまった。

「名古屋かい。そんなに急ぎの旅じゃなければ乗せてってやろうか」

振り向いた男性は、少年と呼んでいいくらいに若かった。恐らく高校生だろう。

ああ、そうか。今は夏休みか。

お盆近辺となると、高速バスの予約が取れないという事情もあるか。

大森さんは納得した。

少年は、ありがとうございますと頭を下げた。

大森さんは少年をトラックの助手席に乗せてやった。彼はこんなに高い視界は初めてだと、目をキラキラさせた。

この様子だと、ヒッチハイクも初心者のようだ。

「いつもこんな感じでヒッチハイクしてるの？」

「あ、はい。時々です。高速バス利用しようにも、ちょっとお金ないんで――」

「俺も若い頃はよくヒッチハイクしたよ。日本一周とまではいかなかったけどね」

大森さんは若い頃の話をしながら運転を続けた。

しかし若い子に向かって、遠慮なく気持ちよくなって話し続けるのは、おじさんの悪い癖だなと、途中からは運転に集中した。

普段ならば、好きな音楽を大音量で掛けながら運転するのだが、少年が寝息を立て始めたので音量を絞った。

途中サービスエリアで二回休憩を入れ、深夜に名古屋に到着した。

少年が、市内なら何処でも良いというので、クライアント先にも近いコンビニの駐車場で下ろした。

「ちょっと待っててもらっていいですか」

彼はそう言って、コンビニで缶コーヒーを買ってきてくれた。

それから数日経つと、同僚の間で若いヒッチハイカーが近寄ってくるという噂が聞こえるようになった。

大森さんが所属しているのは決して大きな会社ではない。

それでも同じ会社のトラックに、立て続けにヒッチハイクを頼んでくるというのは不自然だ。

そんなことを考えていると、喫煙所で同僚から声を掛けられた。

「大森、原因はお前じゃないのか。長野方面に荷物を運ぶ奴が、双葉のサービスエリアで若いのに声を掛けられたってんでな。それでピンと来たんだが、お前この間、東名じゃなくて中央道で名古屋行ったんだって？」

大森さんは頭を掻いた。

「悪いな、秘密にしておいてくれよ。俺は人がいいから若いのが困ってたのを見て、つい乗せちまったんだ」

――そういえば、あの少年の名前くらいは訊いておいても良かったか。

「で、そのヒッチハイカーは、今度は何処まで乗せてくれって言ってたんだ？」

同僚はそれを聞いて、しょうがねえ奴だなと笑い、もう社長の耳に入ってんだよと、恐ろしいことを言った。

「それで、そいつは、別に乗せてくれって言ってきた訳じゃないんだってよ」

どういうことだと訊き返すと、何やら自分を乗せてくれた運転手に礼をしたいから、トラックを探しているのだと言われたらしい。

何か渡したいものがあるとも言っていたという。

大森さんは普段は東名高速道路を使っていることもあり、滅多に双葉サービスエリアを利用しない。しかし、そんなに毎晩のように双葉サービスエリアに高校生が来るというのも、あり得ないように思った。

黙っていると、同僚が笑った。

「いいよいいよ。俺が受け取ってきて、お前に渡すんでいいだろ」

「ああ、恩に切るよ」

同僚は、社長にちゃんと謝っとけよと手をひらひらさせながら、喫煙所を後にした。

数日して、これなんだけど、と、同僚から羊羹か何かが入っているようなサイズの箱を渡された。抹茶色の和紙で包まれている。

「高校生くらいだったかなぁ。若い男の子から渡されたんだけどさ。そいつすぐいなくなっちゃって、目の錯覚か何かかなぁ。ちょっと不思議な感じだったんだよ」

同僚は首を傾げながらそんなことを言った。

受け取った箱には小さな短冊が挟まれており、「大森りゅうこう様」と、鉛筆書きの拙《つたな》い字が書かれていた。

これは確実に自分宛のものではないか。

まぁ、受け取れて良かったと、同僚に礼を言う。

しかし、包装紙で包まれた箱は妙に軽かった。

羊羹じゃないな。そう思いながら振ると、カタカタと固いものが入っている音がした。

まぁ、何だか分からないが、お礼のつもりなんだろう。

しかし、礼は別れ際のあの缶コーヒーで十分じゃないのか――？

何処かしっくりこない点もあるが、彼はそれを自宅に持ち帰った。

緑色の包装紙を取ると、中から白無印のボール紙でできた箱が出てきた。表面に何も書かれていない。

中身は何だろうなと思いながら蓋を開けると、真新しい黒い位牌が入っていた。

――どういうことだよ。

金色の文字で、戒名まで書かれている。これは受け取っちゃいけない奴だろう。

もう夜も遅かったが、思わず車を走らせた。

目的地は双葉サービスエリアだ。

首都高から中央道に乗り、ひたすら西へ――。

「でもね、双葉のサービスエリアに行ってみたけど、もうあの少年にも会えなかったし、それからヒッチハイカーに会ったって同僚もいなくなってね。ありゃ、どうにかしてくれってことだったのかなぁ。人がいい奴を探していたのかねぇ」

その位牌は、知り合いの住職に頼んでよしなにしてもらったらしい。

今でもお盆が近付くと、そのことを思い出すという。

水晶ブレス

友人の真琴からの〈一度昇仙峡へ行ってみたいんだけど、一緒に行かない？〉との誘いを受けて、奈緒さんは一泊旅行で昇仙峡へ足を延ばした。

他に何人かに声を掛けてみたが、真琴の休みが平日だったこともあり、誰も合わせて休みを取れなかった。結局奈緒さんと真琴の二人連れである。

真琴の運転する車で、中央道を飛ばして甲府昭和インターで降り、武田神社などにも立ち寄りながらの観光旅だ。

順調に車を昇仙峡へと向けて走らせていく。

川沿いの道を走っていくと、所々に天然石の土産物屋が立ち並び、いかにも観光名所っぽい場所に出た。

御嶽昇仙峡といえば、確かに水晶の産地として有名だ。それを使ったアクセサリーを販売しているのだろう。

気になった店や風景を見に所々で立ち寄りながら、最終的には能泉湖《のうせんこ》に辿り着いた。

そこの駐車場に入れて暫く風景を楽しんだ後で、来た道をゆっくり戻りその日の宿へと向かう。

「奈緒、ロープウェイとか乗る？」

「あ、私はいいかなー」

「そっか、なら今回はあたしもパスかな」

本来なら風景を眺めながら川沿いの道をぶらぶらと時間を掛けて楽しむのが筋だろうし、ロープウェイにも乗ってみたい気持ちはあった。しかし、それよりも奈緒さんには気になることがあった。

道中何かは分からないが、とにかく嫌な場所だなという感じを受けたことだ。あまり周囲を見回したくない。そんな感情がついて回る。

一方で真琴は初めて見る景色に、ハンドルを握りながらもキョロキョロしつつ楽しそうに過ごしているように見えた。

途中、特に名所でもない、何げない路肩に車を停めて周囲の景色を眺めていると、何処からともなく、呻き声のような声が耳に届いた。

——野生動物の声かなぁ。

そう思っていたが、今まで聞いたこともない不気味な声だったこともあり、怖くなったのですぐに車に乗り込んでしまった。

真琴にはその呻き声は聞こえなかったようで、どうしたの？　と心配そうに訊いてきた。

事情を話して車を出すようにお願いする。

車はすぐに走りだした。


「あのさ奈緒、せっかくここまで来たんだし、天然石のブレスレットが欲しいんだけど、どの店のが良いかなぁ」

「多分、観光地だし、何処も大体同じような物があるんじゃない？　何となく気になったお店で良いんじゃないの」

「そっか。そうね」

真琴は納得したようで、比較的客の多そうな店の駐車場に車を入れた。

漠然と天然石のブレスレットが欲しい真琴には、選択肢が多すぎてどう選んでいいか分からないようだった。どうやって選べば良いのかとアドバイスを求められたが、奈緒さんにも正直なところよく分からない。

「石を見てピン！　と来たものを買うと良いんじゃないの？　よくそんなこと言ってる人いるよね」

そう答えると、真琴は隅から隅まで見て、最後に水晶とブルーの石のブレスレットを購入した。彼女はそれをそのまま腕に嵌め、上機嫌で宿へ向かった。

その間も奈緒さんは、何とも言えない嫌な感覚に襲われていた。だがわざわざそれを真琴に告げて、気分を下げる必要はない。そう考えて切り出すことはしなかった。

宿は昇仙峡の途中にある、ログハウス風の建物だった。

チェックインし、買ってきたコーヒーを部屋で飲んでいると、再度あの嫌な感じが襲ってきた。

――これは一体何なのだろう。

恐怖とも違う、不安とも違う、嫌悪とも警告とも違う、ただそれらを混ぜ合わせたような〈嫌な感じ〉。

奈緒さんは気のせい気のせいと、心の中で何度も自分に声を掛けて普通通りに振る舞っていた。そこに真琴が突然質問を投げかけてきた。

「昇仙峡って何か曰く付きな場所なの？」

心中を見透かされたようで心臓の鼓動が跳ね上がる。

「特に聞いたことはないけど何で？」

「走ってるときに見える景色は綺麗なんだけどね。何だかよく分からないけど、ずっと嫌な感じがしててさぁ――」

真琴が眉を顰《ひそ》めて不安そうな表情を見せた。

奈緒さんが実は私もそうだったと打ち明けると、彼女は目を丸くした。

「あんたがそう言い出すのってヤバいじゃん！　何で先に言ってくれないのっ！」

そう食ってかかられても、真琴が来たいって言ったんじゃないと、反論しようとしたときに、夕食の時間ですよと声を掛けられた。

一階にある食堂へ移動して、何となく気まずいまま夕食を済ませ、そそくさと部屋に戻った。

当然の如く、先ほどの話の続きになる。ただ、責任をお互いに擦り付け合うのではなく、お互い、何がどう嫌な感じがするのかをすり合わせていく。

すると、嫌だなと思った場所は二人ともほぼ同じ場所で、走行中もずっと嫌な感じだというのは共通していた。

更に、あの変な唸り声は真琴にも聞こえていたようで、表には出していなかったが、気味が悪いと感じていたことも明らかになった。

「だからお守りに、天然石のブレスレットが欲しくなったんじゃない」

真琴はそう主張したが、一方でこれが気持ち悪さの原因と言えるような決定的なものは出てこない。

とにかく何か気持ちが悪い、気味が悪いという二人の主観だけだ。

人が多く訪れる観光地に、そんな意味の通らないような文句を付けても徒労だろう。二人はそう結論した。

とにかく明日は昇仙峡から離れて、気分転換に山中湖方面まで足を延ばし、ゆっくりドライブして帰ろうという話に落ち着いた。

気が付けばもう日付も変わっていたので、二人はそれぞれの部屋で休むことにした。


翌朝、朝食のとき、奈緒さんが真琴に眠れたかと訊くと、何か変な夢を見てよく眠れなかったという答えが返ってきた。

「昨日買ったブレスレットの石の色が変色してる気がするんだけど」

彼女がブレスレットを手首から外しているのには気付いていた。

「ほら、黒っぽくなってるでしょ？」

ポケットから出したそれは、確かに昨日買ったときよりも黒ずんでいる。

元々は透明な水晶と綺麗なブルーの石だったのが、水晶もブルーの石も影がさしたようにやや黒っぽくなっているのが見て取れる。

——一晩でこんなに変わってしまうものだろうか。

「チェックアウトしたら、帰りに昨日買ったお店で交換してもらおうよ」

「そうだね。新しいのにするにしても——ちょっと気が乗らないけどね」

ホテルのチェックアウトを終え、早々に昨日のお店へ向かう。

だが、定休日の看板が出ていた。

これでは仕方がないと、そのまま予定通り山中湖へ向かい、下道をドライブしながら夜遅くに帰宅した。


翌朝、真琴から連絡が入った。

ブレスレットが更に変色していて、とても気持ちが悪いという内容だった。

添付されていた写真を見ると、確かに初日からしたら別物と思えるほどに色味が変わっている。水晶は透明から白く濁り、青い石は褪せた緑っぽい。

奈緒さんは、邪気を吸い取ってくれてるのかもしれないから、神社かお寺さんに持っていって見てもらったら？　という内容を返信した。

真琴からは、自分もそう思ったから、これから行ってくると返信があった。

その午後、真琴から電話があった。

真琴の家が檀家になっているお寺に行き、事情を説明してブレスレットを見てもらったとの連絡だった。

ブレスレットを差し出すと、住職は表情を歪めた。

「石に強い念が掛けられている。このまま持っていたら何かよくないことが起きていただろう。お焚き上げしたほうが良い」

そうアドバイスを受けたそうだ。

体質が合わなかったのか、それとも血筋によるものなのか、どのような理由かは未だよく分からないが、それ以降は二人ともに妙な気持ち悪さは消えたという。

赤い服の女

骨休みに地元の友人三人で温泉へ行こうという話になり、石和温泉の旅館を一泊で予約した。まだデジカメはなく、フィルムカメラの時代だったから、大分古い話になる。

当日は途中で寄り道をしつつ、十五時過ぎには旅館へ到着してチェックイン。

フロントからエレベーターで四階の部屋に通されると、和室十二畳と次の間があり、窓を開けると笛吹川もよく見える。落ち着いた感じで悪くない。

夕飯までは時間があったので、早速温泉に入り、館内を散策しながら部屋へ戻る。

部屋での夕飯も済み、ビールも回って良い気持ちでゴロゴロしていると、慎二が近くにゴルフの打ちっ放しがあるので、ちょっと遊びに行こうよと誘ってきた。

彼は下戸でアルコールを嗜まない。彼の運転で車で五分ほどの場所にある打ちっ放しへ出かけた。

友人二人が打席に入り、自分は酔ってしまっているのでベンチでのんびりとそれを眺めることにした。良い身分である。

暫くすると、上下赤い服を着た女が慎二のほうをジッと見ているのに気が付いた。

何処か違和感を覚えたのは、夏も近いと言うのにその人がコートを着ていたからだ。

この暑いのにサンタか何かのつもりか。

そんなツッコミを入れたが、彼女は身じろぎもせずに慎二のほうを凝視している。

少し気味が悪いので、ドリンクを渡しに行きがてら、慎二にそっと耳打ちしたが、彼は気にすることはないだろうと、そのままプレイを続けた。

五分以上経ったが、女は動く気配も見せずに、慎二を見つめている。

そうしているうちに郁郎が休憩しようとベンチに来たので、この話を振ってみた。だが、郁郎も逆ナン狙いかな。などと、あまり気に留めていないようだった。

ただ、自分としても、女のことばかり見ている訳にもいかない。

割と長い時間プレイしていたように思ったが、正確な時間は覚えていない。

そろそろ宿へ戻ろうと帰り支度を始めると、いつの間にかさっきまでいた女も姿を消していた。三人とも、そのまま気にも留めずに宿へ戻った。

部屋へ戻ると布団が三人分川の字に敷かれていた。自分以外の二人は、もう一度温泉に入って汗を流してくると、また出かけていった。

暫くして二人が戻ってきた。アルコールも抜けたので、自分もさっと浴びようかと温泉に向かった。

大浴場から戻ると、いつの間にか良い時間になっていた。

「そろそろ寝ようか。明日はほうとうでも食いに行くか」

「ああ、それもいいね。水信玄餅とか噂は聞くけど、アレって美味いの？」

そんな他愛もないことを話しながら電気を消した。


十五分も経った頃には、二人の寝息が聞こえてきた。

まだ眠れずに寝返りを打つと視界の端のほうにちらちらと動く物が見えた。

布団を頭から被り、そっと隙間から覗くと、さっきゴルフ場にいた赤い服の女だ。

――不審者だ。

ドアには先ほど自分が鍵を掛けた。となると、それ以前――二人を残して温泉に出かけていたときにでも、侵入されたのだろうか。

全身に嫌な汗が吹き出る。

息を殺してジッとしていると、音も立てずにすすっと慎二のほうへ近付いていく。やはり打ちっ放しで品定めされていたのだろう。女は彼のことをジッと見つめた。暫くするとその顔を慎二の顔にどんどん近付けていく。

この頃には女の行動が不可思議なものであると気が付いていた。

物盗りならこんなことはしない。慎二が女好きでも、他に友人二人がいる前で商売女を呼ぶことはないだろう。そもそも本人は寝ているのだ。なら本当に追いかけてきたのか。何か納得できる理由はないかと考えていると、突然慎二がすくっと立ち上がった。女が慎二の手を取りドアのほうへ向かって歩き始める。

そこで気が付いた。女の手がぼうっと光って透けている。まさかとは思ったが、女はこの世のものではないということか。

それよりも、このままだと慎二が連れていかれる。

幽霊に連れていかれるなら、その先は冥土だろう。命が危ないということだ。

気付かれないようにそっと手を伸ばし、隣で寝ている郁郎を起こそうとしたが、郁郎はまるで起きない。

——頼りにならん奴だ。

もうすぐドアというところで、意を決して起き上がり、大声を出して女を威嚇《いかく》する。女はこちらを気にもしていない様子で、無視を決め込んでいる。

郁郎を蹴り起こし、慎二へ駆け寄った。後ろからパジャマを引っ張る。

するとそのときになって初めて気付いたのか、女が振り返った。

般若もかくやという物凄い形相で、こちらを睨みつけてくる。

女が口を開けた。中は真っ黒だ。人間、こんなに口が大きく開くものだろうか。

「邪魔をするなぁ」

しわがれた声が響く。

恐怖心で全身に震えが走っているが、友人を見捨てる訳にもいかない。

助けよう助けようと必死にパジャマを引っ張っていると後ろから声を掛けられた。

「何だよこいつ！　さっきゴルフ場にいた女か！」

郁郎だ。

「そう！　いいから手伝えって!!」

そう言うと、彼は「うわぁ!!」と叫び声を上げながら、女を思い切り突き飛ばした。

手が解かれた慎二から力が抜け、床に倒れ込んだ。

急いで電気を点ける。逃がしてはなるものかと、ドアのほうを見ると、あの女は忽然《こつぜん》と姿を消していた。

確認すると、ドアには鍵が掛けられたままだ。

郁郎が慎二をビンタして起こす。

起こされた慎二は、ぽかんとしながら、今、綺麗な女の人と手を繋いでデートしている夢を見ていた、などと言うので、二人で今起きたことを慎二に説明した。

「え⁉　何だよそれ！　怖ぇじゃん！」

顔色をすっかり青くした慎二を見て溜め息を吐く。

すっかり目が覚めてしまった。

部屋の冷蔵庫にあったジュースを飲みながら、打ちっ放しから今起きた出来事をおさらいするように、あれこれと話をしていると明るくなってきた。

流石に徹夜だと運転ができないと言うので、慎二に仮眠を取らせる。

特にそれからは何事もなかったが、三人とも寝不足のまま朝食を済ませて宿を後にした。


地元へ帰ってから一週間後、郁郎から山梨旅行の写真が現像できたと言うので、ファミレスに集合した。

色々と思い出しながら写真を見ていくと、打ちっ放しの写真が出てきた。

「これ誰が撮ったの？」

「誰も撮ってないし、あのときはカメラは宿に置いてたはずなんだよ」

郁郎が渋い顔をした。

打席に立つ慎二の横に、あの赤い服の女が写った写真が一枚。

「これも撮った記憶がないんだよ」

抜き出された写真には、旅館の部屋が写っており、慎二の隣にあの女が座っていた。

「気味が悪い写真だけど、これで大丈夫だろ」

慎二が写真をその場で破り捨てた。掛ける言葉も見つからない。

それから数日後、慎二から電話があって会うことになった。

「あのさ。毎晩あの赤い服の女が部屋に来て、俺の腕を掴み連れていこうとするんだよ。何なんだよアイツ。毎日寝不足で参っちまうよ……」

慎二の顔に疲労の影が濃い。

全員、あの女には全く心当たりがない。石和温泉や道中立ち寄った所でも何も変な様子はなかった。もしあるとしたら、打ちっ放しで拾ったとしか思えない。

心配だったので、郁郎にもできるだけ慎二と連絡を取りあってほしいと伝えた。


旅行から三カ月が経とうとする頃、慎二が行方不明になったと郁郎から聞かされた。

それから十年以上が経った。今なお慎二は消息不明だ。

事情を知っている友人達は、赤い服の女に連れていかれたんじゃないかと言っている。

あれ以来、自分も郁郎も石和温泉へ行くことができないでいる。

第四章　身延山と西側の山々

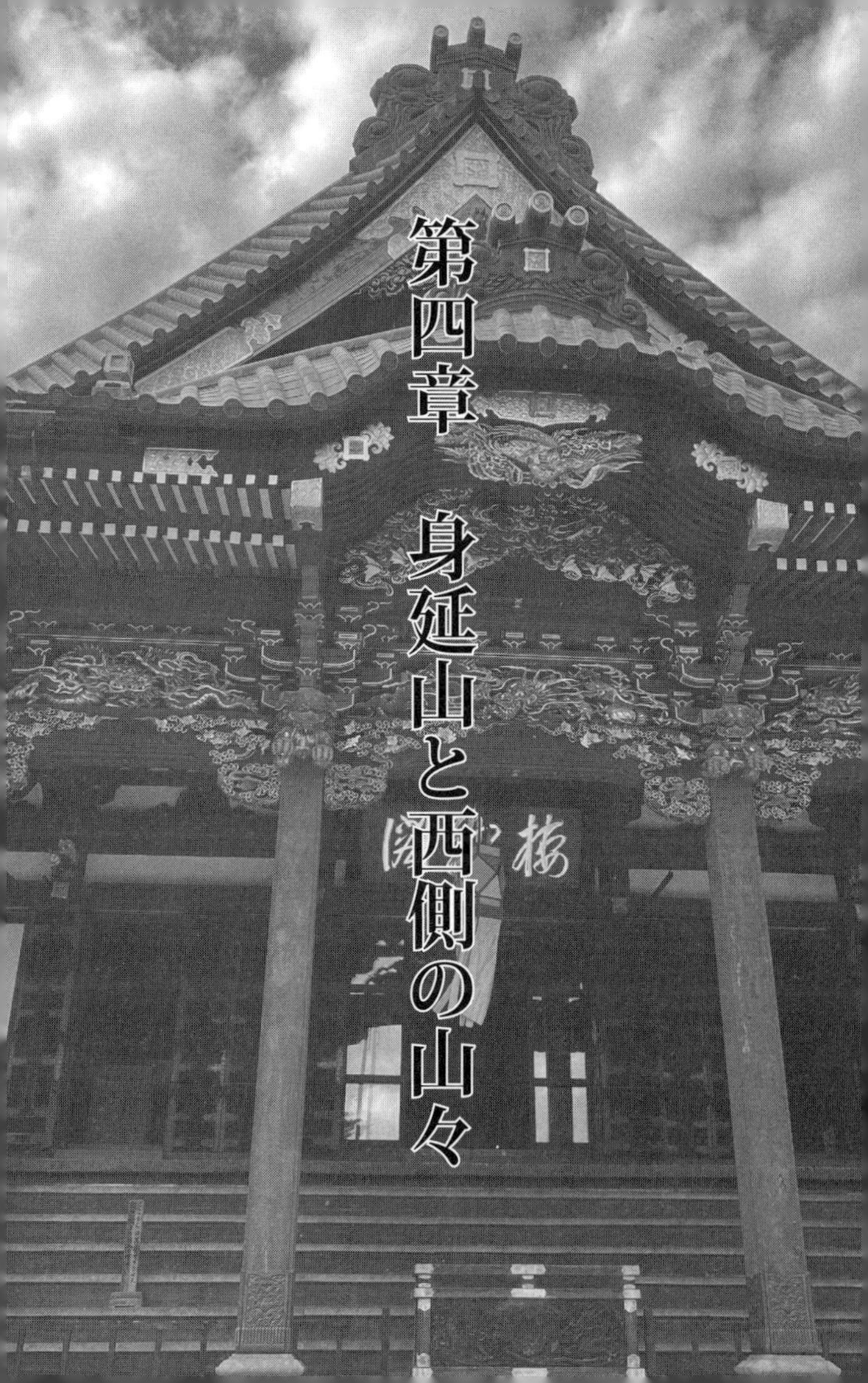

頼る人

当時、麻由理さんはカメラにハマって、友人とあちこちに出向いては写真を撮りまくっていた。丁度、身延山久遠寺の枝垂《しだ》れ桜が見頃だと言うので、友人三人と連れ立っていくことにした。

SUVを持っている邦夫が車を出し、麻由理さんと義武は同乗させてもらって出発した。現地では人出も多く賑わっていたが、女坂の横の駐車場に車を入れられた。

まずは参拝をしてから、目印になるベンチに一時間後集合と決め、各々散って写真を撮り始めた。

他の観光客の邪魔にならないようにと、写真を撮りながら場所を移動していく。

麻由理さんはすぐに一際大きな枝垂れ桜を見つけた。これはいいと、樹の下に入って下から見上げるアングルでカメラを構えると、誰かが洋服の裾を引っ張った。

下を向くと五歳ほどの小さな男の子が立っている。

――迷子かな？

「どうしたの？　お母さんとはぐれちゃったの？」

そう声を掛けても、男の子は首を横に振るばかりだ。

更に何かを言いたそうにもじもじしている。

「ん？　何かお話あるの？」

「僕、お姉ちゃんと一緒にいるー」

「あら。お母さんやお父さんが心配するからダメだよ。お姉ちゃんはお友達と一緒だからごめんねぇ」

その子は無表情のまま、手首に両手を伸ばして、ギュッと握ってきた。

しかし、そうしていても埒が明かないので、そのまま社務所まで連れていく。

「この子迷子みたいです」

そう言って引き渡し、すぐに枝垂れ桜の下に戻った。

引き続き写真を撮っていたが、人混みで人酔いしたのか、少々気分が悪くなってきた。

時計を見ると、少し早めではあるが、他に移る気力もない。そろそろ良いだろうと待ち合わせのベンチに座り、残り二人を待つ。

丁度時間になった頃に、全員が揃った。

それでは飲み物でも買って車に戻ろうかと歩き始めたときに、義武が麻由理さんの腕を指差した。

「それどうしたの？」

麻由理さんが自分の腕を見ると、男の子が掴んだ場所に赤黒く痣が残っている。

経緯を話すと義武はうーんと唸り声を上げながら考え込んだ後で、言いにくそうに切り出した。

「それ本当に生きてる子だった？」

「はぁ？」

「いや、麻由理といると、時々そういうことあるからさ。今回もかと思って」

よく考えると社務所でも一方的に伝えただけだ。反応も聞かずに、樹の下にそのまま戻っていた。

「本当に迷子だったとしても、社務所に引き渡せてたのかな――」

普段ではあり得ないその場限りの行き当たりばったりな行動に、今更ながらゾワゾワと鳥肌が立ってくる。

「もう一度さっきの場所へ戻ってもいい？」

「ああ、三人で行くべ」

邦夫もそう言ってくれたので、そのまま踵を返して先ほどの枝垂れ桜を目指した。

「ここでね――」

説明を始めるとすぐに、邦夫が何とも言えない表情を見せて、小声で言った。

「麻由理。その子」

彼は麻由理さんの背後に視線を送った。義武もそちらへ視線を向けた。

遅れて麻由理さん本人が自分の肩越しに確認すると、先ほどの男の子が洋服の裾を握って立っている。

邦夫も義武も、どうしていいのか分からず、固まったまま立ち尽くしている。

――この子生きてる子じゃない。

「どうしたの？　お姉ちゃんと一緒にはいられないんだよ。だからバイバイね」

そう声を掛けると、見る見る男の子の顔が憤怒の形相に変わった。表情はすぐに嘲笑するようなものに変わり、何処からともなく女性の声で「離れないからな」と囁く声が聞こえてきた。

「今の声、何？」

「ヤバい！　逃げよう！」

義武が麻由理さんの手を取って走り出す。

三人は必死に車まで走り、急いで乗り込むと、車は一気に走りだした。そのまま高速に乗り、地元を目指す。

三人とも無言のままだった、どう触れていいか分からないという空気が伝わってくる。

「最初のサービスエリアで停まって」

郁夫に伝える。

サービスエリアに入ると、すぐにトイレに行って手を洗った。

鏡で確認すると、手首の痣以外に首元にも引っ掻き傷ができている。

まだ、後ろに男の子がついてきているのかしらと、鏡越しにチラリと背後を確認したが、そこにいるのは男の子ではなかった。顔ははっきりとは見えないが、女性が首に手を回そうとしていた。

麻由理さんは、恐怖でパニックに陥りそうになりつつ、友人の車に駆け戻った。

ドアを閉じるや否や、郁夫に声を掛ける。

「急いで久遠寺まで戻って！」

何故それが口をついて出たのかは分からない。ただ、それしかないと思った。

郁夫は何も詮索することもなく、再び久遠寺へと連れていってくれた。

着くなり、境内を歩いてたお坊さんを捕まえた。先刻からの事情を説明し、御祈祷をお願いしたい旨を伝える。

お坊さんは、麻由理さんの手首の痣や首の傷を見て納得したようで、すぐに支度を調えるからと、本堂へ招いてくれた。

三十分以上掛かって祈祷が終わった。

その後、麻由理さんはお坊さんと暫く話をした。今までこの世のものではないモノから何度も憑かれそうになったこと、人の死に関わることが多かったこと、何度も尼僧になる運命だと指摘されていること。それを伝えると、お坊さんは納得したようだった。

「恐らく、あなたは仏門に入らない限り、今後も色々なモノ達から頼られますよ。御自身を守るためにも考えてみてください。何かあったら、いつでも相談に乗りますから」

そう言われて、挨拶をして本堂を離れる。外で待っていた友人から、傷が綺麗に消えているぞと声を掛けられた。

麻由理さんは、今後仏門に入り、修行することを真剣に考えている。

飯富《いいとみ》

会社の若い社員に安藤という〈視える〉人がいるのだと、晃司さんは言った。

それも毎日のように色々なものが視えていると言うので、興味を持った晃司さんは、彼にどう見えるのか訊いたことがあるらしい。すると見えるのは人とは限らず、寧ろ人型は少ないとの返事で、形の定まらないものや動物も多くて難儀しているとの話だった。

安藤さんは人間嫌いのようで、他の人と話や雑談をしているところを殆ど見たことがない。だが、晃司さんのことは嫌いではないようで、時折アドバイスをしてくれるという。

「今日は珍しいものを連れていますね」

自分の背後を見て、そんな声の掛け方をされてしまうと、何が見えているのかが気になる。幾度か何が見えているのかを訊いてみたが、「知らないほうが良いですよ」とはぐらかされてしまった。

「でも、ちゃんと目も形もあるから問題ありませんよ」

どうやら本当に不味いものは、目の周りが黒く、瞳が確認できないそうだ。

その安藤さんが、ある日突然「明日から暫く休みます」と言ってきた。

理由を訊くと、あちら側関係だという。

「スゲー、ヤバいのを見たので、暫く身を隠したほうが良いと思うんです」

彼は実際に翌日から出勤してこなかった。

いつ戻ってくるのか、それとも何か体調でも崩しているのかと心配していたが、安藤さん本人は、固定電話も携帯電話も持っていない。なので、連絡の取りようがないのだ。

人事は連絡方法を把握しているのかもしれないが、訊いたところで教えてくれるはずもない。

結局、彼はそれから二カ月近く休み続け、年も明けて、松が明けた頃に出社してきた。

どうしていたのかと声を掛けると彼はにこやかに対応してくれた。

「とある場所で結界を張って頑張っていましたよ」

「結界って何だい。そんなことができるのか」

「簡単に言えば、相手を罠に落とし込むって感じですかね」

そう言われても、晃司さんには理解できない感覚だ。

「強い魂のある処に籠もって、悪さするものを退けてもらうんですよ。まあ――結構時間が掛かるのが問題なんですがね」

「そんな場所があるんだね——何処にあるの？」

ダメもとで訊ねてみると、安藤さんはすんなりと教えてくれた。

「うーん。まぁ、色々ありますがね、今回は身延町にある旧中富町の飯富です」

「久遠寺ってことかい？」

「いやいや、そんな有名処ではなくて、永久寺と並びの八幡様ですよ。もっとも——あの辺りで最強なのは飯富《おぶ》家の墓所ですけどね。ここは武将やその家臣かなぁ。武将団かなぁ。そういうものの魂が張り付いてますんで」

オカルト全開の話だが、武田信玄関係は、晃司さんも好きで色々と読み漁っている。

「飯富っていうと、武田信玄の宿老の飯富虎昌のことか」

「あぁ。御存じでしたか。僕は詳しくないんですけど、多分その飯富虎昌っていう方と、その弟君と家臣の方かなぁ？　あの辺りでは最強の魂の集まりだと思いますよ。特に弟君の力は凄まじいです。邪なものを寄せ付けませんよ。ですけど何故か石塔の順番を——あれはわざとなのかなぁ——違えて重ねられていて、力が少し封じられているみたいなんですよね」

飯富虎昌の弟は、山県昌景だ。長篠の戦いで討死して、確か甲斐市の天澤寺に菩提寺があったと記憶している。そこに飯富虎昌の墓所もあったはずだ——そう安藤さんに言うと、彼は真面目な顔をして答えた。

「色々あって、本当の墓所はお寺ではないみたいですよ」

それは知らなかった。

「行ってみたいものだなぁ」

「ははは。僕からは教えられないですが、誰かが調べてると思いますから、色々当たってみると良いんじゃないですか」


その後、暫くして安藤さんは退職してしまった。何でも自分を護るのに良い場所を見つけたとのことで、仕事も何もかも引き払って、そこに引っ越すらしい。

電話が無理なら手紙でも出そうかと住所を訊ねてみたが、彼は首を振った。

「誰にも内緒なので、ちょっとそれは勘弁してください――」


晃司さんは近いうちに、身延町まで足を運ぶつもりでいる。

お囃子

甲府市在住の男性、千秋さんから教えていただいた話である。

身延町にはオハツキイチョウという珍しい種類のイチョウの古木がある。そもそも世界的に見てイチョウの樹は日本と中国の一部にしかないものだ。

オハツキイチョウは、その名の通り、葉の先端に銀杏の実が付くという不思議な樹木で、全国的にも珍しい。そのうち七本が国の天然記念物になっているほどだ。そして、そのうち三本が山梨県身延町にある。

一本は上沢寺のもので、日蓮聖人がイチョウの杖を立てた場所から樹になったというもの。樹齢七五〇年余だという。葉が下向き、つまり逆さに育つため、サカサイチョウのオハツキでもあり、極めて珍しい。銀杏のなる雌株の樹だったが、平成三十年の台風で倒伏した。現在、根の一部が残っている可能性があるとして、整枝や支柱設置などを施して成育の様子を観察中という。

二本目は本国寺のオハツキイチョウ。日蓮聖人が寺に一泊したときにお手植えしたものとされる。樹齢七〇〇年余。非常に樹勢盛んな大木であり、秋のニュース番組などによく登場する。こちらも実のなる雌株である。

三本目は上八木沢の山神社境内にあるオハツキイチョウである。こちらは雄株であり、葉の先にオシベの花粉を付ける。天然記念物指定のオハツキイチョウの中で、雄株はこの一本だけとなる。約一九〇年前に同所に植えられたものとされており、富士川を挟んで反対岸にある本国寺や上沢寺、長谷寺の雌株のオハツキイチョウへ花粉を飛ばしている。なお平成二十三年に、雄株であるはずのこの樹の一部に結実が確認され、その後枝の一部に性転換が確認された――。

ここまでが一般的に確認されている事実である。

そして、ここからが不思議体験となる。


身延のオハツキイチョウが実を付けた時期に、千秋さんは本国寺のオハツキの実を見に行った。

家族で境内をうろうろしていると、たまたま出てきてくれた住職に、樹についての話を聞くことができた。

住職によれば、この樹は非常に頭の良い樹で、水が欲しくなると地下の水道菅を根で絡み潰しにいくのだという。

雌の樹として、それはとても気性が強いと笑い合っていると、突然、何処からかお囃子が聞こえてきた。

これは何処かで秋祭りでもしているのだろうかと、住職に別れの挨拶をして、家族で車に乗り込んだ。

お囃子の源を探しに暫く彷徨いていると、どうも富士川の向こう側から風に乗って届いてきているようだ。

富士川街道から橋を渡って対岸に移動する。

お囃子が一番大きく聞こえる場所へと向かっていくと、細い川沿いに街道を折れ、身延線の高架を潜っていく道へと誘われた。

「ここだ」

千秋さんが車を駐めて周囲を確認すると、神職が常駐しない小さな神社があった。立て看板によれば、ここには八木沢のオハツキイチョウの樹があるという。

「面白いよ、ちょっと出ておいで」

家族に声を掛ける。

銀杏の実がならない、雄株のオハツキイチョウの樹の存在を、千秋さんはその立て看板で初めて知ったという。

周囲では何処にも祭りなどやっておらず、樹の近くにも特に櫓《やぐら》が組まれていたりする訳でもない。

恐る恐る近付いていくと、やはりお囃子は樹そのもの、正確には幹の内側から響いてきている。

木肌にはしめ縄が巻かれていることからも、この樹は御神木になっているようだ。小さな鳥居も近くにある。

ただ、風の方向が悪いのか、近所の民家が庭先のドラム缶で木クズを燃やしている煙が流れてきており、酷く煙たい。

——こりゃ樹も煙いだろう。可哀想に。

そう思って見ていると、煙の当たる枝先に白い着物姿の子供が立っている。歳の頃五、六歳だろうか。その子が煙を扇のようなものでハタハタと煽いでいる。

驚いて見ていると、すぐに消えてしまった。

急いで子供の立っていた枝下に足を運んでみたが誰もいない。

ただそのとき、バサリと銀杏の樹の肌が破れて頭上に落ちてきた。

これは珍しいこともあるものだ。銀杏の樹からの賜り物だと持ち帰り、千秋さんは今でもお守りとして大切にしている。

その年——つまり平成二十三年——、その雄株のオハツキイチョウに何故か銀杏がなったと報道された。

イチョウの性転換だと話題になったが、テレビのニュースで見た実が付いている箇所は、先日あの子供が立っていた枝の辺りだった。

何かあの子供と関係があるようにも思うが、その真偽は千秋さんには全く分からない。

着信電話

随分昔に友人三人で山梨県南巨摩《みなみこま》郡にあった温泉宿に行ったときのことだ。

宿までは南アルプス街道を早川沿いにひたすら走っていくのだが、思っていた以上に山深い場所だった。想像よりも寂れているなという印象だったが、友人と語り合いながらの道中は楽しく、予定の時間には宿にチェックインした。

案内された部屋に荷物を置き、少し休憩してから近所の散策に出かける。

すぐ目の前には早川が流れており、周囲は山々に囲まれて紅葉が見事だった。ただ他には何もない。正に秘境の温泉宿だ。

陽もすっかり落ち、夕食を終えて部屋へ戻ると、外は暗闇に包まれ、せせらぎの音もやけに大きく聞こえる。昼間とは打って変わって恐ろしさすら感じる。

休憩を取ってから待望の温泉へと向かう。

大浴場では皆でのんびりと湯を楽しめたが、生来ののぼせ体質もあって自分は烏《からす》の行水なので、先に上がることにした。

鍵を持ち、先に部屋に戻って皆の帰りを待つ。

暫くすると、携帯の着信音が響いた。見ると聡の携帯が鳴っている。皆、風呂へ行くので携帯は部屋に置いていったのだ。

少しして二人が戻ってきたので、聡に声を掛けた。

「さっき携帯に着信あったみたいだぞ」

聡はその言葉を受けて携帯を持ち上げると、首を傾げた。

「非通知だから、誰だか分からないからいいや。ほら、お前も飲むだろ」

自販機で買ってきたというよく冷えたビールを出され、思わず頬が緩む。

他愛もないことを喋っていると、また聡の携帯が鳴った。

「誰だ？」

聡は携帯を耳に当て、「もしもし？」と繰り返すが、先方からの返答がないようで、次第に声を大きくしながら問いかけを繰り返している。

最後に諦めたように、「何だよ」と言って電話を切った。

すると今度は陽二の携帯が鳴り始めた。

「あれ？　俺達の知り合いかな？」

彼も電話に出たは良いが、相手の声が聞こえないようだ。何度か「もしもし？　もしもし？　どなたですか？」などと言っていたが、最後は切ってしまった。

「さて、誰だろうね？　今日俺達が旅行に来てるのを知ってるのは、家族か地元の友達だけだよな。でもそれだったら皆番号通知になってるし。こりゃただの間違い電話かな？」

そんな話をしながら何となく自分の携帯を見ると圏外になっている。つまり電波が入っていないというのだ。電話など通じるはずもない。

「なぁ、僕の携帯は圏外だよ？　二人のキャリアは繋がるの？」

二人も携帯に視線を落とす。

「あれ？　俺のも圏外だ」

「右に同じ」

なるほど。一瞬繋がるが、電波が悪いから声は聞こえないのだろう。三人でそんな推理をしていると、聡が「実際に掛けてみれば良いんだよ」と言った。

なるほど一理あると、試しに二人の携帯に掛けてみる。だが、二人とも着信音が鳴ることもなく、「電波が繋がらない場所にいるか電源が入っていません」というお馴染みのアナウンスが流れるばかりだ。

「おかしいね」

「まぁ、そういうこともあるんだろう」

話していると今度は自分の携帯が鳴った。

やはり非通知だ。普段、非通知の着信には出ないようにしているのだが、二人のこともあって、好奇心を掻き立てられた。そこで試しに出てみることにした。

「もしもし?」

やはり相手の声が聞こえない。暫く黙って耳を澄ませていると、何か音が聞こえる。人の声ではなさそうだ。気持ちが悪いのでそのまま切ると、殆ど同時に聡の携帯が鳴り始めた。

「もしもし?」

応答した聡は、咄嗟《とっさ》に携帯を耳から離した。

「何だよこれ?」

そう言いながら陽二に携帯を渡した。陽二がそれを耳を当てると陽二も眉間に皺を寄せて、今度は自分に携帯を渡してくる。恐る恐る耳に当てると、ボコボコという水の中のような雑音の中に、気味の悪い声が繰り返し響いている。

「み……つ……け……た……み……つ……け……た……」

「何これ。気持ち悪っ!」

聡に携帯を返すと同時に、部屋の中に女性の叫び声が響き渡った。

「おまえかー‼」

驚いて室内を見回したが、当然誰もいない。

聡は携帯を切ってポケットにしまった。

「今の何だ。おまえかー‼　って聞こえたよな」

「うん。そう言ってた。気持ち悪い声だったな。女の声に聞こえたけど」

今度は同時に三台の携帯が鳴り始めた。

「圏外なんだろ。おかしくないか？」

他の二人も携帯を持ち上げて耳に当てると、ヒステリックな怒鳴り声を上げた。

「もしもし⁉　誰だよお前！　ふざけんな！」

すると地震でもないのに、部屋中の窓ガラスがガタガタと揺れ、部屋の明かりが消えた。

部屋は真っ暗になり、三人はその場で声を失った。

どうしようかと考え込んでいると、闇の中で聡の「うわぁ！」と驚いたような叫び声が聞こえた。

「どうした⁉」

陽二の声が続く。

「誰かが俺の背中にしがみついてる！」

それは一大事と、財布からいつもぶら下げているミニ懐中電灯を取り出して、聡の声がするほうを照らした。

暗闇に照らし出された聡の背後には、頭からずぶ濡れになった女がしがみついている。

「おまえかー!」

それは絶叫すると、聡の首を絞め始めた。

「部屋から出るぞ!」

陽二が聡を突き飛ばし、倒れた聡を抱え込むようにして部屋の外に逃げ出した。その後ろに続く。

廊下は蛍光灯が点いていて、明暗差で眩しく感じるほどだった。

三人でその場に倒れ込んだ。聡は歯の根の合わないほどに震えている。

「今の何だよ! この部屋絶対ヤバイよな?」

「ともあれフロントに相談だろう」

三人でフロントへ行き、とりあえず部屋の電気が急に消えてしまったことを伝え、ロビーで待つ。すると、フロント係が戻ってくるなり頭を下げた。

「お客様、大変申し訳ございません。電気の不具合のようでして。すぐに他のお部屋を御用意させていただきます。お荷物もお運びしますので、暫くこちらでお待ちください」

彼はそう言うだけ言うと、頭を下げて足早に去っていった。

「あれ、違うよな。何か隠してると思わない？」

「曰く付きの部屋だったとか？」

二人がそんな話をコソコソし始めた。

「いやいや、次の部屋でも起きないとは限らないよ。アレの話はもうやめておこう」

制止すると、二人とも頷いた。


それから二十分ほど経っただろうか。ロビーの自販機で買った缶コーヒーを啜《すす》っていると、フロント係が戻ってきて違う部屋に案内された。

部屋に入ると先ほどの部屋より広い。寝室には既に布団も敷いてあり、荷物だけではなく、飲みかけの飲み物やおつまみも、テーブルの上に載せてある。

「お客様には大変御迷惑をお掛けしました。心ばかりではございますがサービスでおビールをお持ちしますので、どうぞお寛ぎください」

フロント係が頭を下げて部屋を出ていくと、程なく中居さんがビール二本と炭酸飲料一本、幾つかの小鉢を持ってきた。

「どうぞごゆっくりお過ごしください。おやすみなさいませ」

そう言って出ていった。

単なる電気系統のトラブルで部屋を移動させたにしろ、これはちょっとサービスが過ぎるだろう。三人は、やはり先刻までの部屋には、何か曰くのようなものがあるのではないかと訝しんだ。

自然と先ほどの体験の話になり、あれこれ想像を巡らせる。

山深く人里離れた秘境温泉。前には渓流、奥にはダム。来る途中には何かの慰霊碑らしきものもあった。歴史も古そうだ。何が起きていても不思議ではない。

無論、正解など誰にも分からないのだが――。


「そろそろ寝ようか」

携帯を見ると、時刻は既に日付の変わる頃になっている。やはり圏外だ。念のために電源を切って、テレビの前に置いて寝ることにした。また同じようなことが起きてはたまらないからだ。

三人で寝室に移動し、川の字で布団に入ると、携帯の着信音が聞こえた。

飛び起きると、聡が自分の携帯の着信音だと言う。

「俺さっき電源切ったよな？」

その問いかけに、二人で頷く。

三人で確認しに行くと、電源も切れているのに、聡の電話から着信音が聞こえている。

「出ちゃダメだよな」

「やめたほうが良いだろうな」

もう懲り懲りだ。寝室に戻り、布団に潜り込む。

夜の間に何度も携帯の着信音が鳴り響き、窓ガラスもガタガタ揺れて寝るどころではない。

だが、先ほどの女性の姿を見ることはなかった。

何とか無事に朝を迎え、朝食を済ませてすぐにチェックアウトをした。


この話はここまでだ。ただ一つ気になることがある。聡のことだ。

彼はあれ以来、付き合う女性と毎回何らかのトラブルを起こしては、すぐに別れるということを繰り返している。

それも腕や足や腹や背中を刺されたりという、普通では考えられない状況で、何度か裁判になったが、いずれにしても聡側には全く問題がないという結果になっている。

それがあの温泉での体験に由来するかどうかは分からないが、彼は還暦を超えた今でも独身のままだ。

夜叉神峠《やしゃじんとうげ》

友人の献花に行ってきたのだと一香は言った。

話を訊くと、一香の小学生時代からの友人に〈萌衣〉という子がいたのだという。

彼女の死因は自殺で、それも数日前の出来事だったという。

「彼女が亡くなる数日前に、ちょっと変な話を聞かされて。気にはなってたんです」

その話がどういうものだったのかと訊いてみると、それは萌衣のお兄さんが行方不明になってしまったとの話だった。

お兄さんは、夜叉神峠に行くと言い残して、音信不通になった。

彼は大学一年生で、大学でも山岳部に所属していた。

だから週末に登山に出かけること自体は不思議なことではなかった。

同行するのは、同じ登山部の三年の女子と聞かされていた。

それっきりだった。

音信不通になってから一カ月が経った頃、夜叉神峠の登り口で、彼の荷物がボロボロの状態で見つかった。しかし、本人は見つからずじまいなのだと、萌衣は語った。

あまりのことにどう声を掛けようか迷っていると、彼女は続けた。

「あのね、きっとお兄ちゃんがいなくなっちゃったのは、私のせいなんだ」

彼女はそう小さく呟いた。

話しづらいことなら、話さなくて良いんだよと一香は止めたが、萌衣は独り言を呟くように、事の顛末を口にした。

その口調は抑揚がなく、何処か病的なものを感じさせた。


「うちの両親って元々登山好きでさ。お兄ちゃんがいなくなる一年前に、家族で夜叉神峠にハイキングに行ったんだ。そのときに私が小さなカウベルみたいな鈴の付いた、七宝の根付けを拾ったんだよ。可愛いからお兄ちゃんにあげたの――。ずっと気に入ってリュックに付けてたんだけど、見つかった荷物の何処にもなかったんだ。きっとあれが悪かったの――」

支離滅裂だ。更に彼女は父親についても口にした。

「お父さんも、ハイキングの後からうつ病になっちゃってさ。夜叉神峠の近くのトンネルのところで――私達の目の前で自殺しちゃったんだ」

何ということだろう。掛ける言葉がない。

きっと彼女がおかしいのは、身内に不幸が続いたせいなのだろう。

一香が絶句していると、萌衣は更に続けた。


萌衣の兄の葬儀は、遺体のないまま執り行なわれた。それでも遺品すらない状態よりは遥かにましだった。

そのとき、通夜に参加してくれた大学の山岳部の学生に、萌衣の母親が質問したのだという。

当然だろう。一緒に行ったという三年生の女の子についての情報がまるでなかったからだ。

しかし、部員達からの返事は納得のいかないものだった。

山岳部に女子はいないという話だったからだ。

ただ、数年前にはイソザキさんという女子部員が在籍していたという。だが、彼女は夜叉神峠からの帰りに滑落して亡くなった。

それ以来、山岳部では夜叉神峠には行かないと決めていた。だから、あいつが夜叉神峠に行ったと聞いて、僕達も耳を疑ったんです——。

そこまで語って、一香は表情を隠すかのように下を向いた。

「山梨の警察から、私宛の遺書が見つかったとの連絡があったんです。現場に献花しようと警察の方に案内していただいたんですけど——何か、近付くにつれて空気がおかしいというか、気持ち悪くなって……。結局私は現場に行けなかったんです。代わりに警察の方に献花をお願いしました」

彼女はまだ、遺書を読めるほどまでには心の状態が落ち着いていない。

「今では遺されてしまった萌衣のお母さんのことが可哀想で、とても心配しています——」

鐘一つ

身延駅からバスに乗って〈七面山《しちめんざん》登山口・赤沢入口〉で降りた。

山に登るのは久しぶりだった。

どうせなら誰も知らないような場所が良い。仕事の鬱憤を晴らすのに大声で歌いながら登るのが好きだからだ。ついでに熊避けにもなるだろう。一石二鳥だ。

最近は人が踏み込んでいないのか、雑草や苔が踏み荒らされていない登山道を進みながら気持ちよく歌っていると、コーンと木板を木槌で叩くような音が響いた。

山を登っているとよくあることだ。樹が折れて、他の樹に当たったりしたときに、こんな音がする。最初は驚いたが、慣れてくれば自然の音だ。

コーン。

歌を遮るようにまた音が聞こえた。

歌い始めだっただけに出鼻を挫かれたような、タイミングよく邪魔されたような気がしたが、気を取り直してそのまま歌い続ける。

どうせ誰も聞いてやしない。カラオケでも気恥ずかしくて歌えない、末尾に数字が並ぶような女の子のグループや、アイドルの歌だ。

そもそも歌詞だっておじさんに歌われることなど想定されていないだろう。

だが五十路になっても好きなのだからしょうがない。

人がいないのは先刻承知。バス停で降りた数人で、登山用の荷物を背負っているのは自分だけだった。だから安心して腹から声を出す。

コンコーン。

また木を叩くような音がした。先刻よりも近くで聞こえたのが気になって、音のしたほうに視線を向けたが、木々に遮られてそちらはよく見えない。

人がやっている訳でもないだろう。どう考えても木々の奥から聞こえるのだ。

そもそも――こちらも先ほどからずっと歩いているのだ。

気にしてないよと、再度歌い始めるとまた邪魔された。

コーンコーン。

やたらと力強い。歌うのをやめて暫く歩く。すると先ほどまでの樹の音はしない。

やはり偶然なのだろう。

息を大きく吸って、流行の歌を一節――。

何か大きくて硬いもの同士がぶつかり合う音が山に響いた。続いてバキバキと樹が倒れる音がした。――違う。十メートルと行かないところで、大人の胴まわりほどの太さの樹が倒れて道を塞いだ。

――これは歌うと駄目なのか。

尻の辺りがゾワゾワしてきた。これ以上登るのは諦めろということだろう。

そう判断して、くるりと踵を返すと、バサリという羽音とともに、何かが背後に降り立った。明らかに巨大な鳥のそれだが、気配が違う。

ゾワゾワとした感覚が全身を包み込んだ。

振り返ってはいけないと本能が訴える。

さくり。

さくり。

落ち葉を踏む音。すぐ後ろまで何かが近付いてきている。

「音痴」

耳元で囁かれた。気配はバサリという羽音を立てて消えた。

冷や汗を吹き出しながら、足を速める。

こんな目に遭ってまで歌うほど、肝は太くない。

歌うのは今度から隣の街のカラオケにしようと心に決めていた。

第五章　清里付近の話

ループライン

「実はあまり表立って話したくないことになるんで、ちょっと色々省略させてもらうかもしれません――」

夏美さんはそう言って、以前体験したことを教えてくれた。

週末、彼女は女友達一人と男友達二人の四人で日帰りドライブに出かけた。

ハンドルを握るのは秀一で、助手席は豊、後部座席は千佳子と夏美さんだった。

特に行き先も決めずに出発し、途中見かけた道標で、山梨県北杜市にある、みずがき湖と塩川ダムへ足を延ばそうと車を走らせた。

季節は秋だった。標高も高いため、紅葉がとても見事だった。

「来て良かったね」

「いや、マジ正解だわ。秀一天才すぎ」

そんなふうにはしゃぎながら車を走らせていると、湖のビジターセンターの看板が目に入った。

丁度トイレに行きたい人もいたので、駐車場に車を入れて周囲を散策し始めた。

どうも駐車場側からでも、みずがき湖の湖面が見られるようだ。そちらに足を向けようと夏美さんが思っていると、秀一から声を掛けられた。

「すぐ近くに塩川神社があるらしいよ。夏美、神社好きだろ。ちょっと一緒に行こうよ」

丁度いいからお参りしてから先に行こうという。

まぁ、湖は後で見られるから別にいいかと、秀一についていく。

確かに神社はあるが、鳥居もなければ、社名の表記もない。

夏美さんが不思議な神社だなと思っていると、急に頭痛と寒気に襲われた。

神社は歴史のあるもののようで、大きな石碑やお地蔵様が並んでいたりと、少し独特な印象を受けた。

途中で彼女は黒い影を見かけるなど不吉な気配を感じたので、すぐにでも出たいと思った。皆も同じように感じたのか、参拝はせずに一通り見た後に神社を出た。

ただ、秀一だけは熱心に参拝していた。

そこからダムまではトンネルを通らなくてはならないこともあり、再度車に乗り込んで移動を開始した。トンネルを抜けるとすぐにダムの堤体の天端を走ることになる。これには皆テンションが上がった。

そこを通り過ぎるとダム管理所があり、そこでも車を駐めて散策した。

地図を確認すると、橋を二つ渡れば車でみずがき湖を周回できそうだったので、途中停められそうな場所があったら何度か停めて写真を撮ろうという話になった。

ただ、夏美さんは先ほどの神社からずっと頭痛が治まらず、気分はやや下がっていた。

それでも、皆の雰囲気に水を差したくないので何も言い出さずに痛みを我慢していた。


みずがき湖の周りを時計回りに車を走らせていると、次は鹿鳴峡大橋を渡ることになる。白い橋を渡っていると、運転していた秀一が車の速度を下げた。

「あそこに女の人立ってない？」

少し先に目をやると確かに女性が立っている。

「一人で何してるのかな？　まさか――いや、真昼間だしそれはないよな」

助手席で豊が返した。

夏美さんはそんな会話を聞きながら、女性の姿に違和感を覚えていた。

秋で肌寒いほどだというのに、その人は半袖のワンピース姿だった。そして夏美さんには、彼女のワンピースの裾から足が見えなかった。

「あのさ、悪いんだけど――」

気付いたことを正直に言うと、車内は一瞬無言になったが、運転していた秀一が悪戯っぽく笑みを浮かべた。

「近付いて停めてみようか」

夏美さんと千佳子は勿論反対したが、一方で豊は面白がって「やってみろよ」と秀一を煽る始末である。

後部座席に座っていた女性二人は、「絶対ヤバいからやめなよ！」と口々に言い張ったが、そうこうしているうちに車はどんどん速度を落とし、女性のすぐ真横に停まった。

何を思ったのか秀一は窓を開けると、女性に話しかけた。

「何してるの？　近場に行くなら送っていくけど」

夏美さんは後部座席からその様子を見ていた。

――ちゃんと足も見える。でも何となく全体が透けているような気もする。

怪しげな気配がぷんぷんしているが、幽霊はこんなにもはっきりと、その場にいる全員に見えるものなのだろうか。

女性は秀一の呼びかけに静かに頷いて車に近付いてきた。一方で夏美さんと千佳子は気味が悪いのでドアを開けた。

「私達、さっきの管理事務所がある所で待ってるから」

車を降りた二人と入れ替わりに、女性は後部座席へ乗り込んだ。

男性陣は不満げだったが、女性に良いところを見せたいのか、彼女を送ったらまた戻ってくるからと言い残して、走り去っていった。

「普通にあり得ないでしょ！」

夏美さんよりも千佳子のほうが怒っているようだった。

それはそうだろう。どうして道端で拾った素性も知れない女のことを優先しようと思えるのか、夏美さんにもその感覚はよく分からなかった。

——何も起きなければいいけど。

怒り半分不安半分でダムの管理事務所まで歩いて戻った。

それから待たされること一時間あまり。車が凄いスピードで戻ってきた。明らかに法定速度の倍は出ている。

着くなり窓を開けると、秀一と豊は興奮気味に声を掛けてきた。

「あの女途中で消えちゃったんだよ！」

夏美さんはその言葉に怒り心頭に発した。

「あんた達馬鹿なの!?　最初から身体も透けてて生きてる人じゃないみたいだって言って

たじゃん！　だから私達降りたんだよ！」

寒い中待たされたことも怒りを加速させた。その怒鳴り声にカチンときたのか、秀一が運転席から声を荒らげた。

「何でもっとちゃんと教えないんだよ！　あの後、化かされたように同じ場所をぐるぐる回らされたんだ。結局乗せた場所に戻っちゃうんだよ。お前らここで俺達の車を何度も見ただろ！」

「一度も見てないよ。ってか自業自得でしょ！」

千佳子が冷たい一言を浴びせた。

そんなやり取りをしながら、車に乗り込もうとすると、後部座席には黒くて長い髪の毛が何本も落ちていた。

女性陣二人は茶髪にしているので、二人の髪の毛ではないのは一目瞭然だ。

その場で外に掃き出したが、夏美さんはあまりにも気持ちが悪いので、助手席と代わってもらって車に乗り込んだ。

もはやドライブ気分はすっかり萎えてしまい、もう帰ろうと走りだしたが、走っても走っても道を変えても、何故か先ほど女性を乗せた鹿鳴峡大橋へ戻ってしまう。

その頃には陽も暮れて、周囲は底知れぬ不気味さを漂わせていた。

秀一は半ばパニックになっており、皆からももう運転を代われと言われる始末だった。

結局帰りの運転を担当するのは夏美さんになった。

車も他に走っていないので、夏美さんはその場でUターンして、途中道標を見ながら思うがままに走りだした。

その行為が功を奏したのか、同じ場所をぐるぐる回ることもなく市街地まで戻ることができた。どこにも寄らずに中央自動車道に乗って地元まで戻った。

しかし、このまままっすぐ家に帰るのも何となく嫌だったこともあり、一行は二十四時間営業のファミレスで一息つくことにした。

当然ながら話題は先ほどの出来事になる。そのとき、運転を代わってからずっと黙り込んでいた秀一が、ぽつりと呟いた。

「あの女乗せてからずっと、一緒に連れてってってくれるんでしょ？　って頭の中で聞こえてるんだよ。これってヤバいのかな」

その発言に残りの三人は絶句した。

「——付いてきちゃったんじゃないの？　お祓いしたほうが良いよ」

千佳子がそう提案した。

「でも、俺お祓いとか行ったことないし」

そんなことを言う秀一に、夏美さんはそれなら全員で行けばいいと提案した。

次の日が日曜日だったのも好都合だった。

そこで皆で地元の神社へお祓いへ行く約束をして別れた。


だが、翌日、待ち合わせの時間になっても秀一だけが姿を現さない。

携帯に電話をしても繋がらない。メッセージを入れても既読にならない。

秀一は独り暮らしである。あまりにも心配なので、彼のアパートへ向かうことにした。

だがチャイムを鳴らしても応答がない。

駐車場には車が駐まっているので、室内にはいるはずだ。

暫く考えていると、豊が思い出したように言った。

「秀一が、裏に大家さんが住んでて、時々世話になってるって言っていたはず」

それならと、事情を話して部屋の鍵を開けてもらえないか相談することにした。

本来ならば、警察立ち会いでなければ開けられないのだがと渋っていたが、中で亡くなっているかもしれないと言うと、その場で警察に連絡してみてくれという。

豊がすぐ近くの交番まで走って、警官を連れてきた。

全員で恐る恐る部屋に入ったが、部屋には姿がない。

だが浴室には、湯船に潜って息絶えた状態の秀一がいた。

そこからは警察を交えて大騒動だったという。

結局秀一の死因は溺死だった。薬や飲酒の形跡もなく、入浴中の心筋梗塞による事故死という扱いになったという。

「ただね、あのとき一緒にドライブに出かけた三人は、あの女に連れていかれたんだって、今でも思ってるんですよ。本当に、ただ何となく出かけたドライブで、あんなことになるなんてね――」

砂防ダム

現在は山梨県の北西部に位置する北杜市に含まれているが、昔は武川村と呼ばれていた地域での話だという。甲斐駒ヶ岳の東側の麓と言ったほうが通りが良いかもしれない。

大武川沿いに沿って山に向かうと、道路が通行止めになっており、そこから先の林道には進めないようになっていた。

横を流れている大武川も、砂防ダムと思われる堰《せき》が設えてあり、基本的には人も車も川の上流には向かえない。

しかし、砂防ダムの縁、堰の下流に沿ってキャンプ場が営業している。

柴田さんはこのキャンプ場を一家五人で何度か利用したことがある。

堰の下は広くなっており、水遊びにも最適だ。

記憶によれば、当時はキノコ型のコテージもあったように思う。

いずれにしても子供が小さかった頃のことだ。

そのキャンプ場の北端には砂防ダムの上に出られる簡素な錆びた鉄階段がある。北杜市による進入禁止の看板はあるものの、ロープ一本潜れば誰でも登って上に出ることができてしまう。

上がってみると、何も問題のなさそうな風景が広がっている。進入禁止の看板は、子供が砂防ダムで遊んで落ちたりといった事故を防止するためだろう。

堰の少し上流で二股に分かれているのも確認できる。

柴田さんは、キャンプの合間にそこまで娘さんと上がったことがあるという。

進入禁止の看板を見たせいか、娘さんは始終落ち着かなかった。

いい景色だよ、ここから降りなければ大丈夫だよと繰り返しても、何故か早く降りようと怯えたように連呼する。

そう言われてみると、確かにの空気感というか気配というか、周囲の目に見えない様子というかが、堰の上と下で全く違うようにも感じる。

娘が嫌がるなら、別に長居する必要もないか。

そう思ってキャンプ場まで戻ることにした。

「あのね、お父さん。『千と千尋の神隠し』みたいだった」

柴田さんは、砂防ダムの鉄階段を下り切ったところで、ふぅと安心したように大きく息を吐いた娘さんが、そんなことを言ったように覚えている。

確か三度目に訪れたときだという。

その夜も星が綺麗で、蒸し暑くもなく快適に過ごしていた。

恐らく都内は熱帯夜が続いてエアコンなしでは寝られないだろう。

レトルトのカレーで簡単に夕飯を摂り、早くに寝入ってしまったが、尿意を催して目が覚めた。

時計を見ると午前零時を過ぎた頃合いだ。

トイレに行くには当然外を歩いていかなくてはならない。虫よけのスプレーを全身に掛ける。特に足元には念入りに。

テントの外は想像していた以上の満天の星空だった。

――暫く散歩してから戻るか。

誰も周囲にいない。素晴らしい夜空を独り占めだ。

そうだ。砂防ダムの上からだとどうだろう。

彼はそちらに向けて歩きだした。

川沿いの道を歩いていくと、砂防ダムの水の流れていないコンクリート障壁の上に、何かが動いているのが見えた。

熊にしては小さい。

狸にしては大きい。

様子からして鹿や猪ではないのも見て取れた。

——一体あれは何だ。

恐る恐る近付いていくと、星明かりの下で、人と同じように手足のある黒い影が、何かを引っ張り上げている様子が窺《うかが》えた。

黒い影は少なくても三体か四体はいるようだ。

人にしては背も低い。小学校低学年ほどの子供のシルエットにも思えたが、こんな時間に子供ばかりで何をしているというのか。

その上半身が砂防ダムの上から太い紐のようなもので、何かを引き上げているのだ。

川の流れる水音の中、紐が擦れてずりずりと音がしている。

よく見ると、それらの引き上げている紐の先には、竹らしきもので編んだ魚籠《びく》のような物がぶら下がっていて、紐の擦れる音からも結構な重量があることが窺える。

地元の子供達の行事だろうかと思ってはみるものの、大人の姿は一人もおらず、人工の明かりは全く使われていない。つまり安全対策が全く採られていない状態で、重量物を子供達だけで引き上げているということになる。

それは不自然だろう。

更に、引っ張り上げられている魚籠が異常な大きさだ。

堰の上で頑張っている黒い影達よりも大きい。

ずっと見ていると、やがて魚籠が上がり切り、黒い影も姿が見えなくなった。

柴田さんは、一体何をやっているのかを見届けてみたい気持ちになり、小走りに駆け出した。砂防ダムの階段に張り付き、恐る恐る上がっていく。

堤の上にはもう何もいなかったが、そこから河原を見ると、先ほどの黒い影達が背を向けて歩いていくのが見えた。

距離にしてそこまで遠い訳ではない。

星明かりに目も慣れて、周囲の様子はおおよそ正確に把握できている。

黒い影は四体。皆小学校低学年ほどの背格好だ。しかも大きな丸い魚籠を引いて、上流を目指して歩いていく。

しかしながら、格好が普段見かけるようなものではなかった。

四人が四人ともザンバラ頭に烏帽子《えぼし》のような物を身に着け、あたかもミニ神主のような装束である。いや、あれは山伏の装束かもしれないと柴田さんは思った。

丈は長いが、端がボロボロにほつれている。太い縄のようなものを帯にしているのか、そこから巾着や竹筒のようなものがぶら下がっているようにも見えた。
「あれは――？」
思わず声が出てしまった。
すると突然四つの影が一斉に振り返った。
その中の一体が睨みつけるような形相で、こちらに向かって勢いよく指差した。
直後、距離が離れているにも拘らず、顔面を強く押された程度の衝撃があった。
同時に両足を掴まれる感覚。
こちらは砂防ダムの上だ。
――落ちる。
姿勢が崩れるのを認識しながらそう思った。

次の瞬間、柴田さんは、キャンプ場のトイレに座っていた。
心臓の鼓動は激しく、寝ぼけていたとは思えない。
ズボンも下ろしていないし、そもそも個室に入る意味もないのだ。
首を捻りながら時計を確認すると、時刻は午前零時半を過ぎたところだ。
もう一度確認しに行くかどうか。

黒い影達のことはありありと思い描ける。
果たして山の神か、あの装束なら、天狗の一種だろうか。
何となくそんな感じもする。そういえば甲斐駒ヶ岳には刀利天狗という場所もあった。
そんなことを思いながら、あのやたらと重そうな魚籠の中身が酷く気になった。
だが、これ以上は深追いはすまい。
天狗か何かは分からないが、恐らく人間が首を突っ込める領域の話ではないのだ。
柴田さんはテントに戻って休むことにした。

翌朝、柴田さんの両足は、歩くのも辛いほどに腫れあがり、病院で診察を受ける程だった。ブヨに刺されたのではないかと診断された。
だが、柴田さんは、あの黒い影達からの嫌がらせなのか罰なのか、恐らくそういった類のものなのだろうと考えている。

異界地蔵

麗花さんという方からお寄せいただいた話になる。

清里高原が全盛期の頃の話になるので、もう三十年近く経つのではないだろうか。

彼女は地元の友人、マサオ、トオルと一緒に、車一台で清里高原へ旅行へ行くことにした。一泊二日の旅だ。予約したペンションは今は記憶も薄れてしまったが、北欧風の割とおしゃれな造りのペンションだったと記憶している。

車を駐めて一旦荷物を部屋へ運び、早々徒歩で街の散策へ出かけた。

平日にも拘らず、街はテレビや雑誌などでよく見かける芸能人がやっている飲食店や雑貨屋が何軒も出ており、所謂山梨の原宿と呼ばれるほどの賑わいを見せていた。当時有名歌手グループのPVか何かで使われたピンク色のオープンカーが展示されており、それに乗って記念撮影ができるような催しもされていた。

一通り街を散策し終えた頃、そろそろ夕飯の時間になるなと一行の誰かが言い出した。

それならもうペンションへ戻ろうかということになり、来た道を引き返しながら、他愛もない話をした。

ペンションの入り口まで戻ってきたときに、ふと視線を感じた。周りを見渡すとぽつりと小さな祠があり、中にはお地蔵さんなのか道祖神なのか、石造りの像が立っている。

何となくその石像のことが気になった。良い意味ではない。普段似たような石像、例えばお地蔵さんを見ても感じないような、奇妙な感覚があったからだ。体中がざわざわするような、尻の据わりが悪くなるような、このまま逃げ出したくなるような、そんな感覚だった。

これは近付くべきではないだろう。

すると一緒にいたマサオが横から話しかけてきた。

「麗花ぁ、あそこにお地蔵さんがあるよな。さっきから気になっててさ、ずっと見ながら歩いてたんだけど、何かあっちからもずっとこっちを見てるような感じで気持ち悪いんだよ。なぁ、気持ち悪くね？」

「ちょっと気持ち悪い感じがするよね。お地蔵さんには無闇に手を合わせるべきではないって言うものね。やたらと拝むと、変なものに憑かれるような話も聞くし。そもそもお地蔵さんじゃないかもしれないし――」

すると横からトオルが話に割り込んできた。

「俺そういうのってあんまり信じないんだけど。別にお地蔵様に手を合わせたくらいで何かあるとかって普通にあり得なくね？」

彼はわざわざ祠まで行き、石像の頭を撫でてから手を合わせた。

「お地蔵さん！　じゃあまたな！」

おどけたようにそう言って走ってくる彼の背後を、黒い靄のようなものが追いかけてくるのが見えた。

それは戻ってくる前には消えていたが、石像からの視線と、嫌な気持ちはますます強くなるばかりだ。

もういいから早く部屋に戻ろうと友人達を促し、その場を急ぎ足で立ち去った。

程なくペンションへ到着し、一度部屋へ戻って夕食まで一休みした。


部屋は二階に二部屋予約していた。一部屋には男性二人で、もう一部屋は麗花さん一人という振り分けだ。三人は夕食まで男部屋で一時間ほど雑談をして過ごした。

そのときも帰りに見たお地蔵さんの話になった。マサオは気になっていたようだが、トオルは全く気にしていない様子だった。とりあえず夕食のときに、ペンションの人にあの祠やお地蔵さんのことを訊いてみればいいという話になった。

夕食の時間になり、一階のダイニングへ向かう。今夜はイタリア料理のコースとのことだった。食事は絶品だった。デザートとコーヒーが出てくる頃には一同皆満腹で、美味しかったねと話をしていると、トオルがペンションのオーナーに話しかけた。

先ほどのお地蔵さんのことだ。

「お地蔵さんですか」

オーナーは何かを思い出すように視線を空中に泳がせた。

「——残念ながら、私も地元の人間ではないんで、そういう古いもののことは全く分からないです。そのお地蔵さんって、何処にあるんですか？」

「ああ、このペンションに向かってくる道あるじゃないですか。その入り口のところに祠があって——」

「そんなのありましたっけ？」

四十代後半と思われるオーナーは、首を何度も傾げる。

誰がどう見ても絶対に気付きそうな場所に祠があるのに、それも変な話だなと思いながら麗花さんは横から話を聞いていた。だが、これ以上突っ込んだ話はできそうもない。

オーナーに礼を言って、早々に部屋へ戻った。

男性二人はまだ部屋でお酒を飲むというので、麗花さんは一人で部屋に戻ると、シャワーを浴びて、昼間買っておいたコーヒーを飲みながら、のんびりとテレビを観ていた。

時々、隣の部屋から二人の笑い声が聞こえていたが、二十三時が過ぎた頃にはすっかり静かになった。

きっともう寝たのだろうと、彼女もベッドへ潜り込んだ。日中沢山歩いたことで疲れたせいもあり、すぐに眠りに落ちた。


休んでいると、軽く窓を叩くような音で目が覚めた。

どうやら誰かがドアを叩いているので耳を澄ませると、「麗花起きてる?」と小さな声が聞こえた。

急いでベッドを降り、ドアまで行き、「誰?」と訊くと、声の主はマサオだった。

ドアを開けると少し怯えた様子だ。

「夜中にごめん。ちょっと入っていい?」

「どうしたの。いいよ。入って」

お茶のパックがあったので、ミニテーブルで二人分のお茶を淹れる。

マサオはそれを飲んで、少し落ち着いたらしい。

「——酒を飲んでそのまま寝落ちしたんだけど、暫くしたら部屋の窓ガラスを誰かが叩く音で目が覚めてさ、見たら昼間のお地蔵さんが窓からジッと覗いてたんだよ」

そんなことがあり得るのだろうか。

「で、怖くなって、布団かぶって隙間から見てたら、お地蔵さんがトオルのほうをジッと睨んでるんだよ。そのうちトオルがめちゃめちゃ魘《うな》されてさ。俺怖くなったから、急いで部屋飛び出してきちゃったんだ」

「ってことは、今もトオルはそのままってこと？　ヤバくない？」

「正直ヤバいと思う」

二人で隣の部屋を確認しに行く。

隣室のドアの前へ立つと、隙間から冷気が漏れていた。真夏でエアコンを点けているにしても、まるで冷凍庫を開けたような冷たさだ。嫌でも緊張が高まる。ゆっくりと音を立てないようにドアを開ける。

入り口正面には大きな窓ガラスがある。

そこには確かに昼間の石像が立っており、窓の外からトオルのほうを見ていた。

ここは二階でベランダもない。窓の高さに誰かが立てるはずもない。

オーナーが悪戯するにしても、客に嫌がらせのようなことをするのは全くメリットがない。

だから、石像の存在は、まるで理に適っていないのだ。

麗花さんとマサオは、トオルが軽々しく手を合わせたせいだろうとは思ったものの、どうして良いか分からず、暫く様子を窺っていた。

やがて、何処からか読経のような声が聞こえてきた。すると部屋の冷気も消え、そのうち石像も少しずつ薄くなって、とうとう消えてしまった。

急いでトオルを起こす。

全身汗でぐっしょりの彼は、起きるや否や悪夢を見ていたと打ち明けた。

「昼間のお地蔵さんが、ずっと俺の腹の上に座って、何かブツブツ言ってたんだよ。そんで段々重たくなってきてさ、もう苦しくて死ぬかと思った！」

「昼間安易にお地蔵さんに挨拶したからじゃないの？　明日謝ったほうがいいべ」

マサオにそう言われて、流石のトオルも頷いていた。

気付くと深夜二時を回っている。明日も運転があるので、少しでも眠ることにした。

うつらうつらしながら少し休む。ただ、麗花さんの意識が遠のくたびに、何かよくない夢を見て起きるという繰り返しだった。具体的な夢の内容を覚えていないのもタチが悪い。彼女は朝五時には諦めて起きていることにした。

朝食の時間になったので、皆でダイニングに向かい、朝食を摂り、ゆっくりコーヒーを飲む。どうせ昨晩の話をオーナーに言ったところで、信じてもらえないだろう。

十時にペンションをチェックアウトした。朝食の席で三人で話しているうちに、帰りは山梨の観光地を巡って帰ろうという話になっていた。荷物を車に積み込んでいると、トオルがお地蔵さんのほうに行ってくるというので送り出す。

暫くして戻ってきたが何だか歩き方がふわふわしているような気もする。

「トオル、運転できる？」

「まぁ。大丈夫」

しかし、顔から表情がごっそり抜けて、心なしか顔色も悪い。

嫌な予感が拭いきれない。

見かねたマサオが声を掛ける。

「お前、昨夜はあまりよく寝てないから、俺が運転代わるよ」

トオル本人も何かを感じていたのだろう。普段なら他人に自分の車を任せるのは嫌がるはずの彼が、そのときばかりは素直に、「じゃあ、代わってくれる？」と言って運転をマサオと交代した。

清里の街でお土産等を買い込み、他にも寄り道をしながら帰路に就いた。

麗花さんは最初に家まで送ってもらった。その後、最後にトオル一人になるのを心配したマサオが、彼の家までバイクで伴走していった。少し経ってマサオから無事到着を確認したという報告があった。

旅行から一週間と経たない金曜の夜に、トオルの家族から、トオルが事故って入院したという連絡があった。

皆で見舞いに行くと、集中治療室で横になっている彼の全身には包帯が巻かれ、色々な装置も付けられて、話すこともままならない状態だった。

病院でトオルの母親から聞いたところ、何でも清里へ行ってくると言い残して出かけたのだという。そして道端で突然車が炎上して、大火傷を負ったとのことだった。

現場の話を訊くと、どうもあのペンションの入り口のようだ。つまりあの石像の祠の前ではないか。

トオルの母親も、突然の事故に動揺していたこともあり、それ以上は訊けなかった。

それにしても酷いではないか。

まさかあの石像の祟りなのか、でも何も悪いことをした訳でもない。

そんなことを話しながら、何とも煮え切らない気持ちでそれぞれ帰宅した。

その日の深夜、トオルが亡くなったと連絡が入った。

悲しみと、石像への憎しみが湧くのを堪えきれずにいた。

今考えれば若気の至りと思えるが、トオルを見送った後で、友人一行で、そのお地蔵様に文句を言ってやると、四十九日も明けぬうちに清里へと向かった。

だが、あの旅行から、一カ月と経っていないのに、泊まったペンションも石像も見当たらない。周囲を何度も何度もぐるぐる回り、街のお店の人や観光案内所で訊いても、皆にそんなペンションやお地蔵様は知らないと言われる始末だった。

結局何も分からず、色々と煮え切らなさだけが募るものの諦めて帰宅することになった。

それからもあちこちで調べ、予約したメールの履歴から追ってもサーバーエラーが表示された。手帳に記した住所を元に再度足を運んだ先では、心当たりのないペンションが営業していた。ペンション名も異なっており、オーナーも全くの別人だった。

一体あの日は何処に泊まり、あの石像は何だったのか、その後、何十年も分からずじまいなのだという。

最後にこの話を寄せてくださった、麗花さんの結びの文章を転載しておく。

――実はこれを書くのに三カ月以上掛かりました。

書き始めるとパソコンの電源が落ち、再起動もできず、様々な妨害を受けているようでした。

何十年経ってもこの話に障りがあるなら、尚のこと、あのときのペンションとお地蔵様のことを調べたくなる衝動に駆られます。

この話を読んで、あの当時屋根の上には風見鶏がある白い北欧風のペンション、道端にある小さな祠のお地蔵様、正体を知ってる方がいたら寧ろ教えていただきたいのです。

何とかここまで書き終えました。

今は左目の眼球が飛び出しそうに痛いです。

これを読んでいる方に災難が降りかかりませんように——。

第十八章　北部の山々での話

ダム工事

当時山梨県内のダム工事に関わっていた矢沢さんという方から聞いた話。

ダムを造るために、現地には作業員が住むプレハブの宿舎が何棟も建てられており、矢沢さんも毎日の作業のために、そこから現場に向かったという。

彼に割り当てられたのは、工事車両の通る道路に面した棟の二階だった。

「言っちゃ悪いけど男ばっかりだし、あまりいい環境じゃなかったね。タコ部屋ってほどじゃなかったから助かったかな。で、同じ棟に中松っておっさんがいたんだよ」

中松さんは何処か影がある五十代後半の男性で、他の作業員とは殆ど交流を持とうとしなかった。ただ、矢沢さんとはウマがあったのか、時々は話し込むこともあったという。

「ある夜のことなんだけど、外の自販機に行って煙草吸ってきた中松のおっさんが、しきりに首を傾げてんだ。何かあったのかと訊いたら、おっさんが変なことを言い出したんだ」

彼が言うには、自販機の前で煙草を吸っていると、ランニングウェアを身に着けた若い女性が、麓のほうから走って上がってきて、そのまま山のほうに駆けていったとのことだった。

勿論、そんなことはあり得ないだろう。この宿舎ですら人里から離れているのだし、夜二十一時過ぎに女一人で山道を走ってくるはずがない。そもそも一般人は立ち入り禁止だ。とにかくここから先にはダム工事の現場しかないし、それより上はこれからダム湖に沈むはずの廃村だ。

「どんな妄想だよ。よほど女が恋しいんだな」

そう揶揄《からか》うように言うと、中松さんは気分を害したのか黙ってしまった。

それから毎晩、彼は同じ時刻に自販機に出かけるようになった。今までになかった習慣である。矢沢さんは職場で一緒になったときに、中松さんに声を掛けた。

「おっさん、この間は悪かったよ。やっぱり見えるのかい、ランニングしてる女」

「ああ」

どうやら中松さんは、それを見物しに毎晩自販機まで行っているらしい。

「俺も行っていいかな」

そう声を掛けると、中松さんは好きにすりゃいいじゃねえかと言って、またふらりと持ち場に戻っていった。

その夜、二十一時を回った頃に宿舎を抜け出し、道路沿いの自販機の並んだ一角に足を運ぶ。すると、中松さんだけではなく、他にも作業員がちらほら目に付いた。

——皆、その女が目当てなのか？

不思議な気持ちだった。いるはずのない女を目的に、片手で収まらない人数が集合しているのだ。

だが、自分も人のことは言えない。

自販機で缶コーヒーを買う。そういえば、ここの自販機の商品補充も結構な頻度で行われている。きっとそういうノウハウを持った業者が務めてくれているのだろう。

一口飲んだコーヒーはやたらと甘く、少し経つと口の中が酸っぱくなった。


中松さんが宿舎から出てきたのは、それから少し経ってからだった。その間、集まっている作業員達は誰も口を開かなかった。

側から観察していると、どうも作業員達が猿の集団みたいに見えて気持ちが悪くなってきた。一方で中松さんは自販機には近寄らず、そこから少し距離を置いた暗がりで、宿舎の壁に背を預けて煙草を吸い始めた。

矢沢さんもそっとそちらのほうに移動する。

「来たぞ来たぞ」

背後で誰かが小声で呟くように声を上げた。

勿論矢沢さんには何も見えない。ただ真っ暗な道を、自販機の冷たい明かりが照らしているだけだ。

だが——矢沢さんには聞こえてしまった。

ハッハッと息を吐く音。傷んだアスファルトを蹴って走っていく音。

ああ、確かに若い女の走る音だ。

横を見ると、無意識なのか、中松さんは暗がりの中でジャージの股間を擦っていた。その掌の中には、年齢に似合わないほど勃起しているものが収まっているのが分かった。

それを見てしまった矢沢さんは、気まずさと訳の分からない恐怖に背筋が寒くなった。

矢沢さんは声を掛けることもできず、缶コーヒーを一気に飲み干し、そそくさとその場を後にした。


「で、そいつらが調子悪いって言って、どんどん辞めちゃって帰ってこないんだよ」

矢沢さんが言うには、その夜自販機のところに出てきていた男達は、次々に調子が悪くなって、辞めていったのだという。

だが中松さんは相変わらず毎晩自販機の前に通い詰めていた。

ある夜、矢沢さんは中松さんに声を掛けた。

「夜、自販機に行く奴らが次々に辞めちまったような気がしてるんですよ」

「そうだな」

中松さんはあっさりと認めた。

「夜、あの女が見えた奴は、非番の日に家にあの女が来るんだってよ。でも、来た奴は皆頭がおかしくなっちまって、現場に戻れないんだってよ」

そんな噂を教えてくれた。

「でもよう、俺のところにはいつまでも来てくれないんだ。悔しいじゃねえか。俺のところにも来てくれないもんだろうかね」

矢沢さんはその言葉に何も返せなかった。

「あの〈はっはっ〉て息遣いが、何ともいやらしくて、最高だろ」

背中から中松さんに声を掛けられたが、それには何も返さなかった。

それから数週間して、中松さんは現場からいなくなり、それっきりだという。

大《だい》菩《ぼ》薩《さつ》峠《とうげ》

　ある時期、奈津子の仲間の間でのブームだったのが、高速を使わないで神奈川や山梨、静岡などの方面へ行くという〈下道ドライブ〉だった。

　特に山の中を走るのが楽しく、週末ごとに仲間同士で数台の車に分乗して出かけるのだった。

　その年の九月の休日に、友人達で山梨方面にドライブへ行こうという話になった。

　車二台で連なって地元を出発する。奈津子は後ろを走る車の助手席に乗っていた。ハンドルを握るのは隆史で後部座席には涼太が座っている。前の車の運転手は寛治だ。そちらの助手席には寛治の彼女の里香が乗っている。そもそも寛治の車はツーシーターなので他に人は乗れない。

　奥多摩から国道411号線、つまり青梅街道から大菩薩ラインをひたすら走る。奥多摩側からだと途中に花魁淵《おいらんぶち》という全国区に知られた心霊スポットがある。

　花魁淵から暫く走った後で国道を逸れて県道201号線に入り、更に218号線を辿って最終的に国道20号線に合流するというルートを取る予定だった。県道２０１号線の途中には、大菩薩峠への登山ルートがある。

道中花魁淵を過ぎた頃から、奈津子の乗る車内では怪談話が盛り上がった。

運転手の隆史が、こんな話を聞いたことがあるのだと、雰囲気たっぷりに話し始めたからだ。

彼によれば、この辺りの山では、登山道から外れると急に霧が出てきて、登山客が迷わされることがよくあるのだという。すると、背後からやたらと馴れ馴れしく話しかけてくる男が現れる。迷ったのなら、自分についてくれば登山道まで案内してやるというのだ。

信用して一緒に歩いていると、どうも男の様子がおかしい。服装も大分古びているし、何より最近の世間の話題がまるで通じない。

そして霧の中をとぼとぼと歩いていると、他の登山客から大声で呼び止められる。その先は崖で、あと少しで滑落するところなのだ。

周囲に案内をしてくれた男性がいるはずだと主張するのだが、そんな男はいなかったと言われてしまう――。

大まかに要約するならば、そんな話だったように思う。

何故曖昧なのかというと、奈津子にとってはそれどころではなかったからだ。

話を聞きながら車窓の景色を楽しんでいると、県道に入った辺りから、突然得も知れぬ嫌な感覚に見舞われたのだ。脂汗を掻くほどで、身体の芯から拒絶しているという感覚があった。

ただ、彼女には原因が何なのか理解できなかった。先ほど近くを通った花魁淵でも一瞬ヒヤッとした感覚はあったのだが、今感じている異様な感覚にはまるで及ばない。

耐えながら黙って乗っていると、ロッジを過ぎた辺りから、更に悪寒は酷くなった。

そのとき、突然先を走る寛治の車が停まった。後ろを走っていた隆史の車も停車する。

すると寛治が降りてきて、サイドウィンドウを下ろした隆史に小声で言った。

「前にさ。何かボロボロの服を着た人たちが歩いてて進めないんだよ」

変な話だ。普段の寛治なら、すぐにクラクションを鳴らすところなのに、どうしてそうしないのだろう。

そう訊くと、彼女の里香が県道に折れた途端に、カクンと寝てしまったのだという。

「そんじゃさ、俺達も様子見に行ってやるからさ」

隆史と後部座席の涼太が車を降りて、寛治と一緒に様子を見に行った。

奈津子は悪寒と脂汗が止まらず、何歩か歩いたが、すぐに引き返した。

「いや、誰もいなかったよ」

涼太がすぐに戻ってきてそう報告してくれた。どうも寛治は絶対に見たと言い張っているようなのだが、見間違いだろうという結論に落ち着いたようだ。そこで次は隆史の車が先導することになったらしい。

「あいつらの車、何かおかしいのかな。確かに里香は寝てんだけど、フロントガラスに霧吹きで吹いたような水滴が付いていたんだよな。俺らの車には、そんなのないだろ」

深い霧の中で、急に馴れ馴れしく声を掛けてくる男――。

奈津子の耳に、周囲から鈴の音が聞こえてくる。

程なく、奈津子はボロボロの服を着てゆらゆらと歩く数人の人影を見て思わず声を上げた。生きてる人ではない。一目でそうと分かり、隆史に向かって叫んだ。

「止まっちゃダメ！　そのまま走って!!」

隆史はその声を受けてアクセルを踏んだ。スピードを上げて暫く走り続け、見通しの良くなった所で車を止めた。

「寛治が付いてきてないんだ。アイツ大丈夫かな」

振り返り後ろを見たが車が来る気配がない。

暫く待っていても来ないので、仕方なくUターンして探しにいく。

来た道を戻っていくと、先ほど奈津子がボロボロの服を着た人を見た辺りで、寛治の車が停まっているのが見えた。

寛治のツーシーターの正面に車を停め、ドアを開けて見にいくと、車内で寛治と里香が下を向いている。特に里香はシートの上で膝を抱えており、酷い状態に見えた。

急いで駆け寄って窓ガラスを叩くと、寛治が怯えた様子で顔を上げてドアを開けた。

顔色が真っ青だ。

どうしたのかと訊ねると、ボロボロの服の人に囲まれて動けなくなったのだという。

車を揺すられたり、掌でバンバン叩かれた。

今は少し落ち着いているが、その音で目を覚ました里香も恐慌状態に陥って、泣くわ喚くわで大変だったらしい。

奈津子はその会話の間も悪寒が止まらず、とにかくここを離れたいと運転手二人に促した。

「あのさ、寛治、あの人たち生きてる人じゃないから、もしこの先見えても、絶対車止めちゃダメだよ。多分、今度は入ってくるよ」

そう念押しして車に戻った。すぐにエンジンを掛け、車を連ねて塩山へ向けて走りだした。

やはり予想通り、間もなく先ほどのボロボロの服を着た人達がゆらゆらと歩いているのが見えた。

「轢いてもいいよな？」

隆史が訊いてきたので、奈津子は大丈夫だと声を上げた。

アクセルを踏み込み、スピードが上がる。

すぐ後ろから寛治の車もついてくる。

二台は猛ダッシュでその場を走り抜けた。

だが、件の集団が現れたのは、その一回だけではなかった。

それは消えては現れを繰り返した。山を降りるまでの間、何度も事故を起こしそうになりながらも、必死に走り切った。

何とか市街地まで辿り着き、最初にあったコンビニでトイレ休憩も兼ねて駐車場に車を入れた。

「俺、まだ震えてるんだけど」

いつもは威勢のいい隆史も、流石に青い顔をしていた。

すぐに出てくるかと思ったが、寛治と里香はなかなか車から出てこない。

彼の車を見ると、車体の至る所に泥の手形がベタベタと付いている。

「お前の車、酷いからさ。ペットボトルの水買ってきて、ちょっと洗おうぜ」

隆史と涼太が寛治に声を掛けたが、寛治は暫く車を降りることができなかった。

その日は流石にそのまま高速で帰った。地元に着いてから漸く皆で一息入れることができた。食事中も、あれは一体何だったんだという話題でもちきりだった。

だが翌日、寛治が帰り道に事故って車が廃車になり、彼自身も全身打撲で入院したという連絡が入った。しかも事故が起きたのは山梨県内で、付き合っている里香に訊いても、何も知らされていないとのことだった。一体何があったのか、誰も理解できなかった。

最後に奈津子さんは、本人に確かめた訳ではないのだけどと言って、次のように教えてくれた。

「後で隆史から寛治のお母さんが言っていたという話を聞いただけなんですけど――。彼、大菩薩峠の山小屋に忘れ物をしたと言い残して出かけたらしいんです。でも私もそれ以来、暫く具合が悪くて寝込んでたし、寛治ともそれ以来疎遠になっちゃって。だから確認もできていないし、今でもちょっと気持ちが悪くて、私自身大菩薩峠方面にはずっと出かけていないんです――」

山の話

「山梨は父親の故郷なんです」

九十九《つくも》さんは淡々とした、感情をあまり表に出さない口調で話し始めた。

彼が子供の時分には、父親の運転する車に揺られて、毎年のように田舎に帰っていたという。夏に行けば果物や野菜を、冬には野沢菜やら何やらを、本当に車いっぱいに積んで帰ってきた。

父親は田舎が好きで、親類の人も皆父親のことが好きだったのだと、九十九さんは述懐する。

「山梨といえば、多くの人は富士山辺りの観光地をイメージすると思うんですが、その反対側、埼玉のほうが近い辺りです。そうですね、大菩薩峠ほど東じゃないので、甲府の北東といった感じです。高速道路のインターが側にある訳でもないし、いつも奥多摩辺りからずっと下道を通っていくんですが、東京からそれほど距離もないのに、やけに時間が掛かったのを覚えています――」

ある年のことだ。

当時小学生だった九十九さんと一緒に来た父親が、急な仕事で帰ってしまった。

そこで迎えにくる次の休みまで、一週間あまり田舎に泊まることになった。

初日や二日目は祖父母、いとこ達も相手をしてくれたが、三日目ともなると、食事は用意されたが、あとは放ったらかしだったそうだ。

まだ携帯電話もない時代だったが、あっても持たせてはもらえていなかっただろう。

そもそも電波が通じるかどうか。

周囲には自宅の周辺には当たり前に存在している、時間を潰せそうなモールも商店街もない。

店といえば何でも売っている「辻屋」さんという何でも屋の一軒だけで、それも子供が興味を持てるようなものなど扱っていなかった。

そうなると、自然と一人で山歩きをして過ごすことになる。

山繭という天然の蚕を集めたり、いい形の枯れ枝を探したりしているうちに、時間は過ぎた。

九十九さんは年に数度山梨の田舎を訪れるだけの都会っ子で、自宅は海沿いにあるので、山に入ることそのものが特別な体験だった。

そうは言っても、あくまで里に近い山を遊び場にしていた。

「ただ、当時はそう思っていたんですけれど、最近調べてみたら、数キロ足を延ばせば、もう山伏が修業していたと伝承にあるような厳しい場所になるんですよ。だから、父親の故郷は、本当に田舎だったのでしょう――」

何日目だったかは覚えていないが、いつものように山に入っていると、子供でも跨げるほどの幅の小川が流れていた。

九十九さんは、そこに沢蟹が何匹かいることに気付いた。

捕まえようかと思ったが、虫かごも袋もなかったので、川の中の石を積んで、小さな堰を作ってそこに集めておき、翌日出直すことにした。

だが、帰宅すると、親戚達にきつく叱られた。

どうやら川の中のものは動かしてはいけないとのことだった。それは知らなかった。この辺りの掟のようなものなのだろう。

叱られたことで悪いことをしたと反省し、頭をついて謝りながら、一点疑問が解けずにいる自分がいた。

――どうして誰もいない山の中で、自分のしたことが知られているのだろう。周囲には確かに誰もいなかったはずなのに。

監視でもされているのだろうか。

九十九さんは気持ち悪く思った。

それからは、何をしても叱られそうで、山歩きは止めて持っていった「影との闘い」という本を一日中読んでいた。


明日、父親が迎えにくるという日になった。

甲府に住む父親の妹に当たるおばさんが、暇を持て余してるだろうと気を使って、相手をしてくれることになった。

甲府の美術館や昇仙峡、他にも武田信玄の菩提寺である恵林寺にも連れていってもらった。ただ、帰宅したときには疲れ切ってしまい、部屋に戻れずに茶の間でうとうとしているうちに意識が途切れた。

手が痺れたので目を覚ますと、女の人たちが話をしている。

「あたったかな」

「いや、大丈夫でしょ。男の子はよほど好かれないと」

こちらを窺っている感じだったので、悪戯心が出た。暫くして驚かそうと寝たふりをすることにした。

「そういえば、あの丸石戻ったの？」

聞いていると、よく山梨で見かける丸石道祖神を、通りかかった人が持っていってしまったという話のようだった。

「辻屋さんの末っ子が熱を出して、うわごとでお寺にあるって言うから見にいったら、お寺の脇に置いてあったって」

「あの石は何度も持っていかれては戻るね」

「子供のときに、一年くらい戻ってこなかったけど、あのときも熱がずっと引かない子がいて大変だった――」

何か面白いことを話しているなと思い、聞き耳を立てていると静かになった。

そろそろ起きようかなと思った直後、

「狸寝入りじゃないよね」

そう耳元で聞こえたのは、この家でも聞いたことがない声で、九十九さんには声を出さないようにするのが精一杯だったという。

翌日迎えにきた父親に、昨日の体験を話したのは、山梨県を出てから暫く経ち、山も見えなくなって、ネオンの眩しい首都高に入ってからだった。

父によれば、山にあるものは場所によっては変えたり持っていったりしてはいけないとのことだった。例えば、土石流になったときに。意外と差が出るものらしい――。

そんなもっともらしい話をしてから父親は笑った。

「迷信だけどな」

だが、すぐに真顔になって続けた。

「女の人だけで何か話してるんだよ、昔から。男は知らないことをさ――」

それが九十九さんが一人で田舎に長く滞在した最後になった。理由は弟が生まれたからだ。

弟が生まれた後、母親は身体を壊していた。産後の肥立ちが悪いという言葉を当時の九十九さんは知らなかったが、弟が生まれて一年あまりで体調は良くなるどころか悪くなる一方で、そのまま入院することになった。

弟は三歳を過ぎる頃まで、父親の田舎に預けられることになった。これ以上親戚に迷惑を掛けられないと、田舎からは足が遠のいた。

母親が回復し、弟が家に戻ってきても、そのまま足は遠のいたままだった。

田舎で育った弟は、なかなか街に馴染めずに、夜泣くようになった。

今度は弟が体調を悪くし、熱が下がらなくなった。

腎臓が悪くなって入院することになり、田舎のほうが身体に合っているかもしれないと、転地療法の話も出たが、母親の反対でそうはならなかった。


「それから時が過ぎまして、私も弟も大人になりました。令和になって両親は他界しました。そうなると田舎の親類と話をするのは自分の役目になりました。そのたびに弟の話が出るんです。私の話は殆ど出ないのです。恐らく田舎で育ったからだと思うんですけどね――」


しかし、何度も来い来いと誘われる弟が、田舎に行った記憶は殆どない。

ある日、九十九さんはそのことを話題に出した。

「覚えているか分からないけど、君、田舎で大人気なんだよ。皆懐かしいから来てくれって言ってるし、顔を見せてあげれば？」

「――怒らせたからね」

弟は即答した。

「誰を？　従兄弟とか？　でももう結婚して家にいないから顔も合わせないし、大丈夫じゃない？」

そう言うと、弟は少し言葉を選んでから続けた。

「『山』だよ」

「『山』？」

「子供の頃ね、僕は『山』に気に入られてたんだ。それなのに、東京に出てきちゃったから凄い怒ってね。持ってかれたんだ。だから子供の頃に僕、身体弱かったでしょ」

弟はもう田舎に行くことはないという。九十九さんも多分行かないだろう。そして子供の頃の集落は、ダムに沈んで今はもうない。

花魁淵

啓司さんは山梨県から奥多摩方面に抜けようと、車で青梅街道を走っていた。

旅行の帰りに、甲府にある妻の実家に顔を出したのだ。

そして今、同乗しているのは、妻とその姉、そして義母の三人だ。義母と義姉が東京に遊びに行きたいというので、乗せてきたという経緯である。まだ新婚ともいえる頃合いで、夫婦の間に子供はいない。

もう大分夜も更けていて、今更ながら高速を使えば良かったと後悔していた。

走っていると、どんどん車が重くなってくるのが分かった。何か大人一人分かそれ以上に重くなっている。ブレーキの利きが悪い。

どうしたものかと思いながら走っていると、助手席の妻も、後部座席の二人も、皆気持ちが悪いからちょっと停めてくれと言い出した。別段酔うような荒い運転はしていない。寧ろできるだけ丁寧に運転してきたつもりだ。それでも言われた通り車を停めた。

「ちょっと換気したほうがいいでしょう」

そう言って、皆で窓を開けた。

そのとき、妻が悲鳴を上げた。そこには花魁淵の慰霊碑と案内板が建てられていた。

「ちょっとここでは何だから、少し先で休みましょう」

義母がそう言って、車を出すように促した。だが車を出そうとすると、やはり車の反応が鈍い。これは何かがあるなと思いながら、山道を移動していく。

暫く走っていると街灯があった。その下で一旦休憩を入れることにした。

啓司さんは運転席から降りて車のタイヤに何か付着物がないか、トランクの荷物に問題がないかなどの異常を確認することにした。それほどにまで車の挙動が不自然だったのだ。

タイヤ周りには問題がなかった。問題はトランクを開けたときだ。

そこには並々と黒い水が溜まっていた。

その水に浸かって、妻の実家から運んできた着物が全て濡れてしまっていた。

どうしたら良いのか全く分からない。頭の中が真っ白になった。

そのとき、義母がふらりと車から降りてきた。

「啓司さん、どうかされましたの？」

「あ。お義母さん。実は何故かトランクが水浸しなんです。さっきからブレーキの利きが悪いなと、おかしいとは思っていたんですが――」

すると、義母はトランクを覗き込んだ。

「この方達を、どうされるおつもりです？」

そう言われても、トランクには荷物の浸かっている黒い水面しか見えない。

「え、この方達って？」

そう言いかけると、義母から、若い女性達がトランクにみっしりと詰まっているから、どうにかしないといけないでしょうと言われた。

義母にはこの黒い水が、女性に見えているということらしい。

だが、水を抜くのも、今のこの状況では難しいだろう。とにかく光量が足りないのだ。

「とりあえず、青梅街道を進んで、二十四時間営業のガソリンスタンドか何かで再度確認することにします」

ハンドルを握り、再び山道を移動する。

先ほどの言葉に、義母から何か反論されるのではないかと思ったが、特に何もなかった。

奥多摩湖を過ぎた頃に、後部座席の義母と義姉の二人が、声を上げずに泣いているのに気付いた。

妻がどうしたのかと訊ねても何も言わない。ただただ泣くばかりだ。

これは何かおかしい。

もう啓司さんは、次のガソリンスタンドまでは止まるつもりはなかった。早いところこの道を抜けてしまいたい。ただその一心だ。

後部座席から二人の泣く声が聞こえてくる。

何故こんなに泣いているのか。

着物が濡れたことが悲しいのかもしれない。

そんなことを言われても、俺もどうしていいか分からない。

俺のほうが悲しいよ。泣かせてくれよ——。

「ごめん。コンビニ。停まってくれる？」

妻から声を掛けられた。右側前方に二十四時間営業のコンビニの看板が光っていた。

コンビニの駐車場に車を入れると、妻が後部座席の二人に、あたし達で一緒に買い物に出るからと声を掛けた。

二人で店内に入る。

「今、泣いてた声さ、十人じゃ済まなかったよ——。これ見て」

妻の腕にはびっしりと鳥肌が立っていた。

二人でゆっくりと買い物をし、車に戻ると、後部座席の二人は寝息を立てていた。妻ももう泣いている人はいないようだと言う。

それではトランクはどうだと開けてみると、先ほどまでの黒い水はすっかり抜けていた。ただ、荷物自体は水に浸かったようにしっとりと濡れていた。

着物は後日お焚き上げに出したという。

第七章　東部の話

旧笹子トンネル

天城さんという学生の方が今年の夏に、家族と別荘のある山梨に行った帰りのことだと言って教えてくれた話。

別荘からの帰り道では、幽霊が出るという噂のある旧笹子トンネルを通らなくてはならないのだという。

天城さんが運転を担当していたが、夜ということもあり、他の車も通っておらず、本当に怖くてビクビクしながら運転していたという。

以前から怖いから迂回しようと両親に訴えているのだが、二人は笑って〈一度も変なことは起きたことがない〉という。

いや、子供の頃にも何度か変なもの見たでしょと言うのだが、両親は医者でもあり、ガチガチの現実主義者なので全く聞いてもらえない。

嫌だなと思いながら進んでいくと、そろそろ出口というところで、何かが破裂したような衝撃音がトンネル内に響き渡った。

急ブレーキを掛けて様子を窺う。

すると父が言った。

「パンクかもしれないし、一旦トンネルから出よう」

その言葉に従ってトンネルを出てすぐの路肩に車を停め、父と天城さんで点検をしたが、どうやら何も起きていないようだった。

「ペットボトルでも踏んだのかな」

という父の言葉に胸を撫で下ろして家に帰った。


だが、次の日に妹から声を掛けられた。

「昨日のトンネルの中でさ、音がしたじゃない」

「うん。お父さんはペットボトルかもしれないって言ってたけど――」

「あたしそのときさ、後ろ振り返って見たんだけど、黒い人影が何人もいて、車の後ろをうろうろしてたんだよね」

「何で昨日言わなかったのよ」

「流石に怖くて言えなかった。あとお母さんも見てるみたい。来年からはあのトンネル通るのやめようって言ってたよ」

佐伯橋

明彦は、佐伯橋の怪異を知りたくて、友人の伝手《つて》を辿って体験者に会ったことがあるという。

佐伯橋は山中湖や忍野に端を発する、相模川の源流の一つである桂川に架かる橋で、七人ミサキが出るという噂がある。七人ミサキとは中国四国地方、特に高知県に伝わる怪異だ。七人組で出現し、出会うと高熱を発して死ぬと言われている。なお死んだ者は集団の一人として取り込まれ、代わりに七人のうちの一人が成仏するという。

――何故そんな場所に七人ミサキが？

山梨県の川に架かる橋に出没するには、あまりにも唐突だ。そもそも七人ミサキは海の怪異だとされている。

なので明彦は、佐伯橋で体験した人はいない、もしくは別の怪異を体験したのだろうと考えていた。

「それなら友人に都留《つる》文に行ったのがいて、近所の橋で変な体験をしたって聞いたよ」

友人から情報を募っていたところ、一人がそう言って青山さんという男性を紹介してくれた。都留文とは都留文化大学という公立大学の略称である。

事前に簡単に打ち合わせたところ、青山さんが体験したのは、彼が都留文科大学の学生のときのことだったという。

その話を現場で聞こうと、夕方六時過ぎに大月駅で待ち合わせ、明彦は都内から車で向かった。季節は晩秋で、もう周囲は暗くなっていた。

時間通りに現れた青山さんと会釈し合い、助手席に乗せた。ただ、青山さんは体調があまりよくないのか始終黙ったままだ。

国道139号線をだらだらと移動し、都留文科大学の前を通り過ぎてすぐに、田原神社の鳥居が見えた。駐車場に車を入れ、二人で橋に向かって歩きだす。青山さんは相変わらず無言のままだ。

上流から田原滝の水音が聞こえてくる。明るければ写真の一枚でも撮りたいところだが、陽も落ちて真っ暗なので諦める。

ここでは田原神社を挟むようにして、車道側の橋と、滝側の人道橋の二本の橋が桂川に架かっている。青山さんが体験したという人道橋のほうを目指していく。人形に関する怪異があったという田原神社にも寄りたかったが、また次の機会だ。今日は貴重な現地怪談なのだ。

そろそろ青山さんに体験談をお願いしようと考えていると、彼はキョロキョロと周囲を見回して、どんどん先に進んでいってしまう。

橋長四十五メートル。そんなに長い橋ではない。

橋の反対側には何人かの男女がいて、こちらをちらちらと窺っているように見えた。

きっと地元の人だろう。あまり騒ぐのもいけない。

そんなことを思っていると、青山さんは橋の中央辺りで欄干《らんかん》に手を掛けて、それを乗り越えようとした。

「何やってんですか！」

欄干から引き摺り下ろそうと、ズボンのベルトループに指を掛けて思い切り引っ張った。

青山さんがバランスを崩して、二人して尻餅をついた。

ああ良かった。

ほっと一息吐いて、額の汗を拭う。

地元の人たちがこちらに向かって足早に歩いてくる。それはそうだろう。目の前で自殺未遂をされたら放っておけないはずだ。

「青山さん、行きましょう！」

逃げようと声を掛けたが、姿が見えない。

今の今まで、アスファルトに尻をつけて荒い息を吐いていたのだから、いなくなるということはないだろう。

まさか。

まさか、今の隙に川に飛び込んだのか。

欄干から見下ろすと、すぐそこに青山さんがぶら下がっていた。

彼は指先を伸ばして、明彦に助けて欲しそうな顔を見せた。

明彦も欄干から身を乗り出し、指先を伸ばすが、あと少しのところで届かない。

必死に腕を伸ばす。

そのとき、ズボンのポケットで携帯が震え始めた。

着信だ。

誰だろう。だが今はそれどころではない。

「落ちろ」

「落ちろ」

「落ちろ」

気付くと、自分の周囲を何人もの人達が囲んで呟いている。

先ほどまで地元の人だと思っていたが、様子がおかしい。誰も手を貸そうというそぶりを見せず、指を伸ばせば触れそうな位置にまで詰めかけて、ただ落ちろと繰り返す。

欄干の隙間から覗くと、全員が白装束を身に着けている。

一度切れていた電話が再度ポケットで震え始めた。

そのとき、耳元で野太い男性の声がした。

「早く、お前も落ちるんだよ」

聞こえるはずのない距離からの声に驚いて、明彦は叫び声を上げて仰《の》け反った。

橋の上に尻餅をつく。

――青山さんは!?

慌てて立ち上がって、欄干から水面を覗き込む。真っ暗で水面に落ちたかどうかも分からない。

奇妙なのは、先ほど自分を囲っていた白装束達の姿も見えないことだ。

携帯はポケットでまだ震え続けている。

ああ、警察にも連絡しなくちゃ。

そんなことを考えながら携帯を取り出すと、発信元は青山さんからだった。

明彦はどうしていいか分からなかった。ただ、出ない訳にもいかないだろう。

「はい――」

すると、電話口から男性の早口の声が聞こえてきた。

「すいません！　中央線が遅れちゃって、何度か電話したんですけど繋がらなくって。今、やっと大月駅に着いたんですよ。ええと、改札にいるんですけど、明彦さん車ですよね。何処かでお茶とかされてます？」

「ええっと、青山さんですよね？」

「はい。大分遅れちゃって。マジすいません！」

「――あの、青山さん。今、佐伯橋から落ちたんですけど、大丈夫ですか？」

電話口から青山さんの戸惑う様子が伝わってくる。

自分が混乱しているとこに気付いた明彦さんは、再度、大月駅まで青山さんを迎えにいくと約束をして電話を切った。

そのとき、風に乗って、〈口惜しや、くちおしや〉という男の声が聞こえてきた。

記憶

かつて、中央自動車道には〈おばけカーブ〉と呼ばれる場所があった。なお、そこは今では廃道となっている。

旧中央道は緩やかなカーブのあとに急峻《きゅうしゅん》なカーブが現れるということもあり、スピードを上げたまま壁に激突するドライバーが数多く出た。そこで平成十五年に大幅な線形改良と車線増加工事を加えた上で、現在の状態に落ち着いたという経緯がある。

実はこの旧道の一部は現在でも走行することができる。
談合坂《だんごうざか》サービスエリアにほど近い野田尻《のたじり》宿から旧甲州街道を東に進む。すると現中央道の側道へ出る。ここから一・五キロメートルの区間が県に払い下げられて、現役の同流として利用されているのだ。

片側一車線で時速四十キロメートル制限ではあるものの、標識や道路標示等は当時のまま放棄されている。つまり普段は禁忌となっている高速道路上に停車しての愛車の写真を撮影できてしまうという訳だ。

また元東京方面への二車線を一車線ずつの道路としているため、高速道路を逆走する気分を味わうこともできる。そのため、旧車ファンや遺構マニアは度々この場所を訪れている。知る人ぞ知る有名スポットなのだ。

旧車オーナーの阿形さんも例に漏れず、ここの元非常停車帯で何度か写真を撮影している。

路上駐車が推奨されないことは承知の上だが、ここは全国でも二箇所しかない高速道路の廃道なのだ。そのため、彼はよくこの場所を訪れていた。

その日は富士スピードウェイで車のイベントがあり、その帰りに中央自動車道へ乗る予定だった。

イベント参加ということもあり、車の状態も最高に仕上げてある。例の場所で一枚写真を撮っておこうかと、意気軒昂に車の鼻先をそちらに向けた。

時刻は午後五時過ぎだったが、初夏ということもあってまだ明るい。

廃道への道は狭く、すれ違いが難しい。さっさと行って、さっさと帰ろう。

彼が件の非常停車帯に車を駐めて、カメラを取り出したときだった。

何かが迫る気配に気付いてそちらを見ると、巨大な炎の塊が左右に大きく蛇行しながら鼻先を掠めていった。

呆気に取られていると、それは阿形さんが駐車している場所から、二百メートルほど先のガードレールに衝突し、大きな爆発音とともに黒煙を上げた。

事故だ。それも、大事故だ。

震える手で運転席の扉を開け、鞄から携帯電話を取り出す。

動揺している。どうにか呼吸を整えようとして深呼吸をしたとき、奇妙だと気付いた。

何の臭いもしないのだ。弾かれたように顔を上げる。さっきまで空を焦がすように昇っていた黒煙が、全く見えない。

——まさか。

思わず駆け出しそうになった瞬間、左横からの強烈な視線に固まった。

駐めた車の真横にあるガードレールの真上に、薮から突き出すようにして男の頭と腕が生えていた。

男の表情は恐怖に慄《おのの》き、目と口は真ん丸に開かれ、両手はハンドルを握るような形で固まっている。まるで菊人形のようだと、阿形さんは見当違いなことを思い浮かべた。

驚愕を形にしたような顔は、ゆっくりと泣きそうな表情に変化していく。

途中で何かを覚悟したかのようにギュッと強く目と口と拳を締めたあと、ボッと炎に包まれて消えた。

炎が消えた後は、ただ薮が茂っているばかりだ。何かが燃えた痕跡もない。

ただ、不快な焦げ臭さと焼けたオイルの臭いが再び空気に混じっているのが分かった。

阿形さんは反射的に車に飛び乗り、周りも見ずに慌てて逃げ出した。

自分の車のドアを閉めようとして、燃えた車が突っ込んでいったはずの場所をチラリと横目で見遣った。

やはりそこには薮に埋もれた看板の遺構があるだけで、事故の痕跡は全くなかった。

ただ、周囲に誰もいなかったはずなのに、路上には今火を点けたばかりのような煙草が一本落ちていた。

それがまるで阿形さんに道を譲るようにして、コロコロと道路端へと転がっていくのを確かに見たのだという。

猿王

二〇二三年八月現在、ＪＲ東海によるリニア新幹線は未だ工事の最中である――。

和泰さんが工事で訪れたのは山梨県の東側に当たる山林地帯だった。地元神奈川県での仕事がなくなり、伝を辿って会社丸ごと山梨県にまで働きに出張ってきているのだ。

宿は近くの市内に取り、弁当を買って山奥に通う日々となった。

昼になれば六人の仲間と仮の資材置き場にあるプレハブ小屋に戻って食事を摂る。監督は一人で冷房完備の専用プレハブに籠もっている。したがって作業員は、涼を取るにも網戸を開けるしかない程度の環境に置かれている。

近くにコンビニでもあれば、そのプレハブ小屋も仮住居になっていただろう。そのほうが現場が近くてありがたかったかもしれないが、現状市内にホテルを取るほうが快適だ。

夜遊びもできるが、通いであれば残業なしというのがいいのだ。

「予定よりも地盤が固いから、工事の進みが遅いのが困るよな。そろそろ残業って言われるんじゃないか」

「焦ってるもんな、高塚監督」

隣のプレハブ小屋からは、時折そんなことを大声で話しているのが聞こえてくる。カーテンが閉められているので、そちらの様子は分からない。

増員要請があるかもしれないという話だが、現状では人が増えたところで工程を早めるのは難しいだろう。それよりも性能のいい機材が欲しい——和泰さんはそう思った。

今まではショベルカーで掘り進めていたが、岩盤が出てしまった。振動で山肌から石が転がり落ちてくるので、削岩機も大きなものは入れられない。だからエアーコンプレッサーで、細かく削っている。人が増えても進みはあまり変わらないだろう。今でも人手が余っているくらいだ。

「残業でもありがたいけどな。更に給料アップだ」

出張で来ているので給料が更に増える。

しかし実際のところ、和泰さんは、密かに夜間まではやりたくないと思っている。ただの勘と言われればその通りなのだが、エアーコンプレッサーで掘削すると、妙な手応えのところがあるのだ。

ずっと固い岩盤が続くはずなのに、表層の後に何か柔らかいものがある。そんな感触だ。

そして更に固い岩盤が続く。だが、ガラを手で退かしても、そこには何もない。

何とも気持ち悪い手応えは、同僚達も感じたことがあるらしい。岩盤と岩盤にサンドイッチされた柔らかい何か。同僚の一人は女の胸のようだったなどと嫌なことを言った。和泰さんには、それが何やら土の下を動き回っているような気すらしている。

それに最近、気になるものも掘り出した。

完全に新規の道を開拓する工事だというのに、崩した崖からは、岩を加工した古い石碑のようなものが出てきている。道祖神ではない。もっと大きなもの。しかも表面に彫られた文字は、漢字や平仮名でもない。そもそも読めないような記号なのだ。

史跡が出ると工事が止まるので、作業員達は見なかったことにしている。

高塚監督が焦っているのも、多分似たような理由だろう。

ここがかつては道であったのではないか。ここを工事するように指定されたのも、昔、道として使われていた過去があってのことではないか——恐らくそんな感じに疑心暗鬼に囚われているのだ。

歴史のある道ならば、災害などにも安全な可能性がある。更に岩盤が長く続くのも、長年踏み固められた過去があったからではないか、と。

史跡を工事でぐちゃぐちゃにしているとなると、それは大きなプレッシャーになるだろう。県の教育委員会に頭を下げ、始末書を書き、場合によってはもっと上の組織まで出張ってくるかもしれない――。

しかし、和泰さんの作業員としての感覚だと、それはあり得そうになかった。出てくるのは道を作るのに使われた玉石などではないし、踏み固められた土でもない。だが、得体が知れないのも確かだ。この一帯には何かがあるのは確実だ。

「――俺はもう嫌だよ。気持ち悪いじゃないか」

同じ小屋で休んでいる同僚達が、何か言い出し始めたようだ。

「三橋さん、どうした？　朝に来たときにたまに椅子が濡れてるのが気になってたみたいだけどさ」

「気持ち悪くないか？　毎日続くんだよ。それにさぁ」

「あーあれなぁ」

三橋さんはベテランの作業員で、今は油圧ショベルを操って、出たガラをダンプカーに積む作業をしている。

「確かに気持ち悪いけどよ、単に何かの拍子に付いたんじゃないのか」

三橋さんが気にしているのは、作業着に付いた手形だ。作業が終わると背中に手形が付いていたというのだ。ずっと操縦席に座っていたので、土の手形が付くはずがない。小心者で怖がりの三橋さんは、それを蒸し返しているのだ。

工事現場では、泥の手形などありふれているが、油圧ショベルやダンプカーの運転席にはそんなものは付かない。

「それにショベルの爪があんなふうに曲がるなんて」

こちらは道を作るためにショベルカーで地面を均《なら》そうとしたときの話だ。

既に樹は切り倒してあり、その株も割と簡単に掘り起こせた。しかし土を掘り進めていると、油圧ショベルの爪先に何か硬いものを削ったような手応えがあった。更にガリガリと削って止まった。よほど硬いところなのかと、一度バケットを上げると、鋼鉄製の爪が、あらぬほうに曲がっていた。

三橋さんは、そんなことが起こるはずはない。だからこの現場はおかしいと主張し続けているのだ。

「そういうこともあるさ。気にし過ぎなんだよ」

和泰さんは俯く三橋さんのところにまで足を運んで励ますように言った。

三橋さんとは長い付き合いだ。細やかな気遣いのできる人物で、仲もいいのでフォローしたくなる。

「そうだよ。まぁ気にすんなよ。確かにちょっと森の中が気持ち悪いけどな」

それは皆思っている。

あえて口には出さないが、曇りの日は特に薄気味悪い。暑い日中にも、時折ひやりとした気持ち悪い空気が流れていく。

人のようなものが通る気配もする。

たった今も、外を影が通った気がして何人かが同じ窓のほうを向いている。

プレハブ小屋の角に座って休んでいた年配の作業員が小さく呟いた。

「まぁ、ここは山ん中だしな」


その日、和泰さんが使ったエアーコンプレッサーを片付けていると、現場を出るのが最後になってしまった。

作業員部屋になっているプレハブ小屋のドアに鍵を掛けて、その鍵を高塚監督の詰めているプレハブへと持っていく。

ノックをして、ドアを開けると、むわっとした空気が噴き出てきた。

「監督!?」

暑い室内でぐったりしている高塚監督を見つけて駆け寄った。

机の上に突っ伏したままでいる監督に声を掛けながら冷房を入れ、冷蔵庫から冷たい飲み物を二つ取り出す。一つを監督の口に運び、もう一本は保冷剤代わりに彼の頭に当てた。

「何でこんな暑いのに冷房入れてないんだ？」

「……和泰さんですか。ありがとうございます」

意識は朦朧《もうろう》としているようだが、冷えた飲み物を飲んでいるうちに、高塚監督は次第に話せるようになってきた。

「何だか背筋が寒くて、冷房を切っていたんです。でも本当は暑かったんですかね」

二本目のスポーツ飲料のペットボトルを飲み干しながら、高塚監督はぱっと時計を振り返った。時計は十八時を指している。

「こんな時間になってましたか……帰りましょう」

「何言ってんだ、そんな調子で運転はできないだろ」

和泰さんも高塚監督もそれぞれ別の車で来ており、宿も違う。

なので、翌日のことを考えると、それぞれが自分で車を運転して帰る必要がある。

「でもこんな時間だし」

「体調戻ってからにしてくれ」

焦りを見せる高塚監督の様子に、この男は暗い中を運転するのが怖いのかもしれないなと和泰さんは思った。山道なだけではない。ガードレールがない場所だってある。

陽が落ちてからの山道では、事故の可能性は低くないのだ。

それに和泰さんは高塚監督を放っておくことはできなかった。一人にすれば、責任感の強いこの男は、きっと無理を押して帰ろうとするからだ。

体調が回復するまで一緒にいて、先導して山を降りるというのが良いだろう。

「こんなとこで監督が事故とか困るんだよ」

和泰さんも山の中からは一刻も早く帰りたい。だが、高塚監督には訊ねたいこともあった。

「そういや監督、人を増やしてもあんまり効率は変わらないと思うんだよ。この間、社長に怒鳴ってたろ？　焦ってもまだまだ工期はあるから大丈夫だろうし。あんな言い方されても社長も困るだろうから、あんまり怒鳴るなよ」

高塚監督は和泰さんの高校の後輩に当たる。それもあって、和泰さんは説教臭い真似をすることもある。

「……ああ、それは誤解です。工期の心配じゃありません。警察に道路使用許可を取りに行ったときなんですが、変なことを言われまして。『地元の奴はやりたがらない工事』だというんですよ」

ブラックバイトじゃあるまいし。何か裏の事情でもあるというのか――。

「僕も気になって市役所で担当の人に訊いたのですが、言葉を濁されちゃいましてね。これは嫌な予感がするなぁと、色々と探りを入れたんですよ。そうしたら『帰れ』ですよ。

単に閉鎖的なのかも知れませんけど、閉鎖的って言うにしてはちょっとニュアンスが違うでしょう？　それで、一応近隣の、山の裾のお宅ですが、工事で騒音や車の出入りが激しくなる旨を伝えたときにも訊いてみたんです。そこでも『帰れ』ですよ。もう僕も意地になってしまって、十数軒回ったうちで全部訊いたんです。そうしたら二軒だけ教えてくれたんですが、『祟られるからやめとけ』って」

神奈川県の地元でも、掘り返してはいけないなどと言われている箇所に工事を入れたことがあるし、曰くありげな場所に踏み込んだことだって無数にある。

しかしきちんとお祓いなどをしてもらってから工事をしている分には、大抵の場合問題は起きないのだ。

それが和泰さんの認識である。

「でも、祟られるなんて皆さんに言うと、モチベーションも下がるでしょう？　だからお守りを貰いに近くの神社にも行ったんです。でも神主さんに『関わりたくない』と言われてしまって。近隣の神社は、何処も話が回っているみたいで、お守りすら売ってもらえなくて――」

神様を何だと思っているのだ。

話を聞いているうちに、和泰さんは次第に腹が立ってきた。

「その頃は、まぁ工事も始まってても問題なかったじゃないですか。だから気にしないようにしていたんですけど、プレハブ小屋を置いたときに、業者さんに言われたんです。地ならしして、土台を置いて、プレハブ小屋を設置しようってしたときに、何だか布切れが地面から出ていたらしいんです。こういうのは足に絡んだりすると危ないから、事前に見といてくれって。渡されたのは何かの汚い布だったんです」

最初はウェスかと思ったらしいが、汚すぎて普通なら廃棄するレベルだったらしい。それにしても、わざわざ地面から出るように埋めておくなど、誰がするだろうか。

「――すぐに捨てましたけどね。それから朝にプレハブ小屋に入ると机が荒らされてることが何回も起きたんですよ。ＰＣを盗まれたりするようなことにはなっていませんけど、棚から床に資料や許可証とかがばら撒かれていたり、土みたいなのがべったり擦り付けられていて」

「それは嫌だな」

「祟りとかじゃないですよ。明らかに人間のやってることです。だから一度は警察を呼んだんですが、こっちが嫌われてしまっているからか、結局若い巡査が二人来ただけで、適当に悪戯で済まされてしまったんですよね。こんな山の中ですよ。悪戯って、誰がするんでしょう」

高塚監督は腹に抱えているものを、全て吐き出すつもりらしい。それが良いだろうと和泰さんも思った。

こんな大変なことを、一人で抱えていたなんて、人が良すぎるにも程がある。

「あと三橋さんの件も聞いてます。確かにこの現場は気持ち悪いんですよ。皆さんが来る前に計測していたときに、動物の骨が大量に埋まってる場所があったりもして。それはこっそり廃棄しましたけどね。だから社長に怒鳴ってたのは、増員じゃなくてお祓いを頼んでたんです。普通よりもランクが高いお祓いがどうしても必要だって」

高塚監督は毎朝一番最初にやってきては、作業員用のプレハブ小屋や機器を見て回って、何かおかしなことが起きていないかを確認して回っていたらしい。泥の手形が付いていたり、窓に裸足の足跡が付いていたりするので、それらを濡れ雑巾で拭いて回っているという。

それで三橋さんの油圧ショベルの椅子が濡れてるのは、高塚監督のせいというのが判明した。これは三橋さんに知らせてあげる必要があるだろう。しかし、あの怖がりにどう伝えようか——。

「人の気配みたいなのも感じるでしょう?」

そんなことを話しているうちに三十分も経っていた。外はもう真っ暗だ。

「そんじゃそろそろ帰るかぁ。それにしてもここ涼しいなぁ。クーラーがあるのっていいな。俺達のとこのもクーラー付きのにしてくれよ」

「そこは社長にお願いします。でもおかしいなぁ、こんなに涼しくなるはずじゃないんですけ……ど……」

高塚監督の視線が、ドアのほうに向けられていた。和泰さんもそちらを見る。

ドアのノブが小さくカチャリと動いた。

作業員の誰かが戻ってきたのなら、車の音が聞こえるはずだ。

悪戯をした犯人だろうかと和泰さんは思ったが、高塚監督は横でひっと息を飲み、和泰さんの腕をぐっと掴んだ。

キィと高い音を立ててドアが開いた。

だがそこには誰の姿もなかった、少し待っても誰も入ってこない。

「何だ、気のせいか?」

気のせいであるはずがない。ドアノブは自動で回ったりはしないのだ。

必ずそれをやった奴がいる。少なくともプレハブの周囲に潜んでいるはずなのだ。

高塚監督は顔が真っ青だった。このままここに置いておくのは不味いかもしれない。恐怖で正しい判断ができなくなっている恐れがある。

自分が先導するから、もう帰ろうと和泰さんは提案した。

二人でプレハブの戸締まりをした。だが、車のキーを回してもエンジンが掛からない。

見れば高塚監督のほうもエンジンが掛からないようだ。

——バッテリーか？

二台同時にバッテリー切れが起きるだろうか。

そう思ったが、懐中電灯頼みでエアーコンプレッサーのバッテリーを繋いでジャンプスターター代わりにした。それでも動かない。ガソリンをチェックしても問題なさそうだ。

ロードサービスを呼ぼうにも、山中なので電話も通じない。

山から降りるのに徒歩なら二時間は掛かる。

「誰かがやったとしか思えませんね」

「ああ、俺もそう思うよ」

絶望的だ。高塚監督の具合が気になるが、こうなったら泊まるしかない。幸い、飲み物とおつまみがあるので、夕飯代わりに腹を満たすことはできる。

気温も湿度も高いので、クーラーを入れた監督のプレハブ小屋で寝ることにした。

パイプ椅子を並べてベッド代わりにし、ライトを消した。

「大丈夫か？」

調子の悪そうな高塚監督に、和泰さんは不安になる。

ドアが空いたときに、何か見たのだろうかとも思ったが、それを訊くには明るいほうが良いだろう。

窓枠クーラーの騒音に憂鬱になりもしたが、目を閉じていると和泰さんはいつしか寝てしまった。


「起きてください……！」

腕を掴まれて起きると、高塚監督がへばりついていた。

そういう趣味はないぞと言おうとしたが、様子がおかしい。懐中電灯を天井に向けて見上げていた。

耳を澄ますと、天井から音が響いてくる。

ペタ、ゴト、ペタ、ゴト。

天井を移動している。

クーラーはいつの間にか止まっているようだが、室温が低すぎる。

じっとりと汗が滲むのに、寒い。

先刻、高塚監督が熱中症になりかけたのは、こういう現象に襲われたからなのだろう。

天井の音に耳を澄ましながら思ったことを口にする。

「これ、猿とかか？」

「しっ……」

小声で高塚監督が言いながら、パイプ椅子に座り込む。

気持ち悪い音だ。直感的に猿かと思ったが、それにしては変な音だ。

ペタ、ゴト。

その音がペタ、ペタになり、コンコンと窓の上端が叩かれた。カーテンで外は見えない。

「クソっ」

繰り返し叩かれる音に嫌気が差して、和泰さんがカーテンを開いた。

すると、皺くちゃでハゲ頭の老爺が、屋根から逆さまにぶら下がって、ニヤけた顔で窓をノックしていた。

「ひゃあああ！」

高塚監督が懐中電灯で和泰さんの肩越しにその顔を照らして叫び声を上げた。

光を向けられた老爺の顔は、嫌がるように顔を背けて天井に戻った。

「嫌だ！　もう嫌だ！」

高塚監督は、そう叫んで外に飛び出した。

——最悪だ。

和泰さんが追いかけるが、天井から飛び降りてきた影が、高塚監督の背中に飛びかかった。

老爺の頭に猿のような細い腕。そこには短い白い毛がびっしりと生えていた。

着物のような白い布を纏っている。日本猿にしては大きすぎる身体。

「こんにゃろう！」

プレハブ小屋に立てかけてあったスコップで、高塚監督の背に覆い被さった化け物を殴った。ごりんと嫌な音がした。その直後に化け物は姿を消した。スコップには汚れた白い布が破れて引っかかっている。

「高塚！」

和泰さんが駆け寄ると、背中に刃物で切られたように傷が走り、そこから血が流れている。

懐中電灯を掴み、高塚監督を背負って走りだす。

これ以上ここにはいられない。高塚監督は苦しげに泡を吹いている。

二時間掛けて山を下りるのか？　それ以外に何か手があるのか？

自問している暇はなかった。暗闇の中を走ると、後ろからペタッペタッという音がついてくる。あの気持ち悪い顔を思い出して吐き気がした。

背後に懐中電灯を向けると足音は止まる。その間に走って少し距離を稼ぐのだが、すぐに追いついてくる。

やがて前から見覚えのあるダンプカーが走ってきた。ヘッドライトが眩しい。

顔を出して声を掛けてきたのは三橋さんだった。

「おめえらが帰ってこないから心配したんだよ！」

怖がりの三橋さんが見に来てくれた。泣くほど嬉しいとはこのことだ。

急いで高塚監督をダンプカーに乗せると、病院！　と叫んだ。青ざめた顔の高塚監督を見て、三橋さんが慌ててUターンする。街に向けて車を走らせる。

事の次第を上手く話せずにいると、どんっと荷台に何かが乗る音がした。懐中電灯を向けても小窓からは確認できなかった。

「何だ、あれ！」

バックミラー越しにあれを見てしまったのだろう。三橋さんが叫び声を上げた。

「爺の顔した猿っぽいのか？」

「そう！　何だあれ！」

「逃げないとヤベぇんだよ……！」

そう言うや否や、キッと音を立てて急ブレーキが掛かった。

和泰さんはフロントグラスに頭をぶつけそうになった。高塚さんは座面から身体ごと滑り落ちた。

フロントライトが上から降ってきた大きな塊を照らし出す。

その瞬間、三橋はアクセルを踏んだ。ダンプが急発進する。

三橋が真顔でそれを轢き殺そうとしていた。

だが、結局逃げられてしまったようだった。


病院に運び込まれた高塚監督の怪我は、そこまで酷くないはずだった。

診断もそのようにされていたが、高熱が引かずに一カ月で亡くなった。意識は一度も戻らなかった。

和泰さんと三橋さんは、後悔しつつも現場に通って働き続けた。

皆には高塚監督の死因に、怪異が絡んでいる事情は伝えなかった。

高塚監督の代わりに今度は部長がやってきたが、やはり浮かない顔をする毎日だった。

鎌倉から知り合いの僧侶を呼んで、安全祈祷もしてもらったが、読経の間中、作業員の耳にはずっと獣の唸り声が聞こえていた。

全員が、これは単なる気休めなのだろうと感じていた。

その頃には、和泰さんが高塚監督の代わりに朝一番に現場に行くようになっていた。

窓には相変わらず足跡や手形が残っていた。

それを拭きながら、ぐるりとプレハブ小屋の周りを回ると、真っ二つに折れたスコップが落ちていた。先日あの化け物とやり合ったときのものだが、そのときはこんなに折れ曲がっていなかった。

廃棄するためにゴミ箱に近付くと、そのゴミの中に奇妙なものが見えた。

ゴミの中から、女のように細い前腕が突き出していた。掴もうと手を伸ばすと、音もなく引っ込んでしまった。ゴミ箱をひっくり返して掻き分けたが、もうそこには腕などなかった。

その後、和泰さん以外からも土から腕が生えていたという話が聞こえるようになった。

そんなある日、仕事が終わったときに、三橋さんの足に土の小さな手形が付いていた。ヒリヒリと痛む。ズボンを脱いで確認すると、掌の形に火傷をしていた。何かに触られた記憶はない。ただ、やたらと指の長い手形だった。

恐らく猿の手形だろう。あの化け物を轢き殺そうとした祟りなのかもしれないが、そんなことは知ったことではない。あいつらが姿を見せたら徹底的にやる。

そう心に決めている。


結局怪我人や病人が続いたこともあり、更に工事がしにくい地形ということで、工期は二カ月以上も伸びた。思い返すと散々な工事だった。

「俺は絶対許さねぇからな」

和泰さんはそう言いながらも、現場で怪我をした足が痛むと漏らした。崖上から落ちてくるはずのない岩が落ちてきて、それに巻き込まれて足を折ったのだ。

「でもな、俺は高塚の仇は絶対に取る。俺はしつこいからな」

今も暇を見つけては和泰さんはその山に通っている。

あの気持ち悪い気配は何となくするが、あれから老爺の顔をした猿に遭遇できたことは二回しかない。二回で決着を付けられなかったのが悔しいという。

次は殺す。

和泰さんは、低く唸るような声で言い切った。

あとがき

御当地怪談本を書くときには、いつでも大きな課題に直面することになる。それは、「その怪談はその土地でなくても成立するのではないか」という課題だ。マンションの一室、駅での体験、路地で見たもの、街角の公園で出会った怪異。普段なら張り切って書くそれらの体験談が、全く通用しないのが御当地怪談本だ。

「それ、わざわざこの本に入れなくても良くないですか？」

書きながらそんな問いが頭の中に渦巻くのだ。

これに対する対応は何種類か存在している。一つは体験がその土地と結びついている場合。例えば合戦跡などでの体験談、心霊スポットなどでの体験談がそれに相当する。本書にもこの類の怪談を多く収録している。

一つはその土地に住む人の特徴を捉えたもの。今回だと微妙にアルコール絡みの話が多く収録されているように思えるかもしれないが、それは体験談を寄せて下さった著者の知り合いに、呑んべえが多いというただ一点による。もしかしたら単なる勘違いの可能性があるが、当地では全交通事故に占める飲酒運転の割合が全国平均を大きく上回っているという話も聞くので、見当外れではないと考えている。

更にもう一つは、その土地の変化の中で発生している怪異だ。今正にその土地が変化している最中に、怪異が発生することがある。これは必ずしも御当地に住む人々にも知られている訳ではないが、著者は重要な怪談と考えている。

本書には、この三種類の怪異が散りばめられている。

本書の執筆中に、何度か山梨県に足を運ぶことになった。四方を山に囲まれて絶景も堪能した。戦国時代に武田信玄を産み、歴史好きを今でも魅了する土地でもある。個人的には日蓮宗総本山である身延山久遠寺を訪れたのもいい経験だった。

そして、本書には収録できなかった（一部は章扉として収録している）、多くの伝承地を擁する土地でもある。正に甲斐国は「怪の国」でもあった。

著者は隣県に住む身ではあるが、その魅力の一部でも引き出せたのであれば幸いだ。

いつも通りではあるが、謝意を伝えたい。体験談を預けて下さった体験者様、取材に御協力下さいました皆様、監修の加藤さん、心配しながら見守ってくれる家族、そして本書をお手にされた読者の皆様に最大級の感謝を。

二〇二三年　文月晦日　　　　　　　　神沼三平太

★読者アンケートのお願い

本書のご感想をお寄せください。アンケートをお寄せいただきました方から抽選で 10 名様に図書カードを差し上げます。

（締切：2023 年 9 月 30 日まで）

応募フォームはこちら

甲州怪談

2023 年 9 月 5 日　初版第一刷発行

著者……神沼三平太
監修……加藤 一
カバーデザイン……橋元浩明（sowhat.Inc）

発行人……後藤明信
発行所……株式会社　竹書房
〒 102-0075　東京都千代田区三番町 8-1　三番町東急ビル 6F
email: info@takeshobo.co.jp
http://www.takeshobo.co.jp
印刷・製本……中央精版印刷株式会社